电子信息课程思政案例精选

侯 俊 高永胜 梁 微 主编

西北工业大学出版社

西安

【内容简介】 本书以《高等学校课程思政建设指导纲要》为指导，以解决电子信息类专业课程思政融入难、案例少、内容深度不够等问题为目标，探索电子信息类专业课程思政教学方法。本书收录了由西北工业大学电子信息学院一线教师编写的百余个课程思政教学案例，涵盖学科基础课、专业核心课及专业方向课在内的多类课程。案例以电子信息类专业教学内容为基础，结合专业特色，分别从中国元素、哲学元素、社会元素、故事系列和反面教训五个方面来设计思政教学内容，具体包括案例信息、课程介绍、案例教学目标、案例思政目标、案例设计及实施过程。

本书可以作为电子信息类专业本科生、研究生的教材和教学参考书，也可作为了解电子信息科技发展、增强思政意识的科普读物。

图书在版编目(CIP)数据

电子信息课程思政案例精选/ 侯俊，高永胜，梁微主编. —西安：西北工业大学出版社，2023.9
ISBN 978-7-5612-8966-2

Ⅰ.①电⋯ Ⅱ.①侯⋯ ②高⋯ ③梁⋯ Ⅲ.①高等学校-思想政治教育-教案(教育)-中国 Ⅳ.①G641

中国国家版本馆 CIP 数据核字(2023)第 173351 号

DIANZI XINXI KECHENG SIZHENG ANLI JINGXUAN

电子信息课程思政案例精选
侯俊　高永胜　梁微　主编

责任编辑：万灵芝		**策划编辑：**杨　军	
责任校对：李文乾		**装帧设计：**董晓伟	
出版发行：西北工业大学出版社			
通信地址：西安市友谊西路 127 号		邮编：710072	
电　　话：(029)88493844,88491757			
网　　址：www.nwpup.com			
印 刷 者：兴平市博闻印务有限公司			
开　　本：787 mm×1 092 mm	1/16		
印　　张：13.25			
字　　数：314 千字			
版　　次：2023 年 9 月第 1 版	2023 年 9 月第 1 次印刷		
书　　号：ISBN 978-7-5612-8966-2			
定　　价：59.00 元			

如有印装问题请与出版社联系调换

前 言

课程思政作为新时代高校立德树人的重要创新实践,肩负着培养德智体美劳全面发展的社会主义建设者和接班人的使命。习近平总书记强调,"高校思想政治工作要坚持把立德树人作为中心环节,把思想政治工作贯穿教育教学全过程"。为顺应新的教育形式,课程思政要坚持将思政元素融入高校课堂,将价值塑造、知识传授和能力培养三者融为一体,用透彻的思想理论说服学生,用强大的真理引导学生,潜移默化地对学生的思想意识进行影响,引导学生形成正确的世界观、人生观、价值观。

在信息技术快速发展的今天,电子信息类专业的发展已经是时代发展的必然要求,国家和社会对此类人才的需求不断增加。由于电子信息专业特色鲜明,不乏有许多思政元素可以融入课程建设当中,如大国工匠、高尖端设备等,但是由于其技术门槛高、更新换代快等特点,所以需要充分发挥教师团队的引导作用,让专业知识和思想政治理念同向而行,实现立德树人的教学目标。

本书针对电子信息类不同层次的课程,分类别寻找合适的思政元素,进而有针对性地对教学内容进行延伸和拓展,并收录百余个课程思政教学案例,解决目前电子信息课程思政深度不够和实效性不足等问题。本书是由西北工业大学电子信息学院一线教师根据多年教学经验形成的研究成果,涵盖学科基础课、专业核心课及专业方向课三个层次,每个案例都包括案例信息、课程介绍、案例教学目标、案例思政目标、案例设计及实施过程。案例根据不同的专业课程特点分层次、分类别融入不同的思政内容,包括中国元素、哲学元素、社会元素、故事系列和反面教训五个类别,每一个类别所蕴含的思政理念也不尽相同,以多样化课程思政教学设计方法和育人经验,实现最佳思政育人效果。

编 者

2023 年 3 月

目 录

第一章 中国元素 ……………………………………………………………… 1

 案例一：工业软件与强国之路 ……………………………………………… 1

 案例二：工程机械与民族自豪感 …………………………………………… 3

 案例三：电路基础课程思政案例Ⅰ ………………………………………… 5

 案例四：坚持不懈，持之以恒 ……………………………………………… 6

 案例五：电路基础课程思政案例Ⅱ ………………………………………… 7

 案例六：学习传统文化，培养科学思维 …………………………………… 8

 案例七：碳达峰碳中和，彰显大国风范 …………………………………… 10

 案例八：自主创新是科技兴国的重中之重 ………………………………… 11

 案例九：钱学森的系统思想，钱老的西工大情缘 ………………………… 13

 案例十：不忘初心，砥砺前行——国之重器"歼-20" ……………………… 15

 案例十一："航天无小事，成败在毫厘"——大国工匠韩利萍：以"毫厘"精神助力

     我国航天事业 ……………………………………………………… 16

 案例十二：铸大国之眼　探大国重器　立强国之梦 ……………………… 18

 案例十三：美国对中国半导体产业进行打压的深层原因 ………………… 19

 案例十四：华为事件以来中国芯片的一些突破 …………………………… 21

 案例十五：量子芯片解开国内光刻束缚 …………………………………… 23

 案例十六："中国航天之父"钱学森 ………………………………………… 25

 案例十七：学好火控，强国强军 …………………………………………… 26

 案例十八：事物的两面性 …………………………………………………… 28

 案例十九：遭遇技术封锁，国产芯片该如何突围？ ……………………… 29

 案例二十：从"国产化"到"国际化"，看中国自主创新之路 ……………… 30

 案例二十一：了解"东方红一号"卫星，树立科技报国信心 ……………… 32

 案例二十二：人与自然和谐共生，掌握阻抗匹配方法 …………………… 34

案例二十三：Python 模块化设计概念 …………………………………… 36
案例二十四：从无人机世界的"神雕侠侣"，看"西工大现象" …………… 37
案例二十五：中国雷达发展的艰辛历程 ………………………………… 39
案例二十六：雷达发射机与抗电子侦察技术 …………………………… 45
案例二十七：雷达运动目标探测技术与神灯歼敌 ……………………… 48
案例二十八：圆锥扫描体制与国产860雷达技术创新 ………………… 49
案例二十九：雷达接收机 AGC 技术与抗 U-2 侦察机距离拖引 ……… 52
案例三十：微波网络的散射矩阵 ………………………………………… 53
案例三十一：移动通信体制之争，增强民族自豪感 …………………… 55
案例三十二：团结合作，构建人类命运共同体 ………………………… 58
案例三十三：至清至察，强化批判思维 ………………………………… 60
案例三十四：运筹学简史 ………………………………………………… 63
案例三十五：从傅里叶变换看待事物的两面性 ………………………… 65
案例三十六：中华传统文化中的数字信号处理 ………………………… 66
案例三十七：从变换思维的角度看中国自主创新之路 ………………… 67
案例三十八：弘扬特高压精神，树立民族自豪感 ……………………… 70
案例三十九：雷达系统的生存与对抗 …………………………………… 72
案例四十：SAR 的工作原理 ……………………………………………… 74
案例四十一：五代隐身战斗机的隐身原理 ……………………………… 75
案例四十二："中国天眼"中的最优化问题 ……………………………… 76
案例四十三：钻研技术，献身国防——数学是解决工程物理问题的锐器 …… 78
案例四十四：做一个科技爱国人——数学是解决工程物理问题的锐器 …… 80
案例四十五：君子善假于物——光纤是良好的传输介质 ……………… 81
案例四十六：中国北斗——中国智慧 …………………………………… 84
案例四十七：模式识别巧思妙想 ………………………………………… 85
案例四十八：对流层散射通信 …………………………………………… 88
案例四十九：调制与解调技术的应用 …………………………………… 91
案例五十：无线电通信系统的构成 ……………………………………… 93
案例五十一：嵌入式处理器的发展 ……………………………………… 95
案例五十二：Python 编码规范 …………………………………………… 98
案例五十三：传感器原理与应用 ………………………………………… 100
案例五十四：综合航空电子系统 ………………………………………… 102
案例五十五：航空电子综合系统概述 …………………………………… 104

案例五十六：通信信号处理课程中的思政元素穿插 ………………………… 107

第二章　哲学元素 ……………………………………………………………… 109

案例五十七：从微观到宏观，提高辨识力 ………………………………… 109

案例五十八：东方不亮西方亮，黑了南方有北方 ………………………… 110

案例五十九：打破壁垒，勇攀高峰 ………………………………………… 110

案例六十：不畏艰难，持于钻研 …………………………………………… 111

案例六十一：对待科研的热情与持之以恒的精神 ………………………… 113

案例六十二：理论联系实际：生活中的贝努利原理 ……………………… 115

案例六十三：从辩证唯物主义看中国经济发展 …………………………… 116

案例六十四：人生需要不断修正偏差 ……………………………………… 117

案例六十五：孤掌难鸣与众志成城 ………………………………………… 118

案例六十六：谱写人生最美篇章 …………………………………………… 119

案例六十七：掌握转换思维方法　另辟蹊径求解难题 …………………… 121

案例六十八：二进制数字调制系统的性能比较 …………………………… 123

案例六十九：傅里叶变换的故事 …………………………………………… 125

案例七十：现代控制理论课程思政案例 …………………………………… 126

案例七十一：注意虚短与虚断成立的条件 ………………………………… 127

案例七十二：数字电子技术基础课程思政案例 …………………………… 128

案例七十三：机器学习方法和应用课程思政案例 ………………………… 129

案例七十四：智能优化设计方法的哲学内涵 ……………………………… 130

案例七十五：最速下降法的哲学内涵 ……………………………………… 132

案例七十六：激光器"锤炼"出来的优点 ………………………………… 133

案例七十七：实践是检验真理的唯一标准，激发组合逻辑电路设计灵感 … 135

第三章　社会元素 ……………………………………………………………… 137

案例七十八：红色革命歌曲优美旋律频谱音质的傅里叶变换分析 ……… 137

案例七十九：数字信号处理课程与国产工业软件发展 …………………… 140

案例八十：信息的载体，发展的导向 ……………………………………… 141

案例八十一：计算智能与智能作战，找寻差距，走自我创新之路 ……… 144

案例八十二：忆移动通信系统发展史，看中国自主创新之路 …………… 146

案例八十三：疫情下的数字通信 …………………………………………… 151

案例八十四：学好"通信原理"，打好科技基础 ………………………… 154

  案例八十五:掌握EDA核心关键技术　破解专业领域卡脖子难题 …………… 156

  案例八十六:二进制幅度键控 ……………………………………………… 157

  案例八十七:中兴事件和华为事件引发的思考及国内封测厂商的崛起 …… 159

第四章　故事系列 ……………………………………………………………… 161

  案例八十八:有创新意识,在熟知的事物上深究,并坚持不懈 …………… 161

  案例八十九:电与磁的完美对称Ⅰ ………………………………………… 162

  案例九十:科技发展新篇章,由中国人自己书写 ………………………… 163

  案例九十一:回忆中国第一个晶体管的诞生 ……………………………… 166

  案例九十二:从集成电路诞生,看我国自主研发之路 …………………… 168

  案例九十三:"数字图像处理"在我校的发展 …………………………… 170

  案例九十四:逆水行舟,不进则退 ………………………………………… 171

  案例九十五:电与磁的完美对称Ⅱ ………………………………………… 173

  案例九十六:胡正明,以一己之力续命摩尔定律数十年 ………………… 174

  案例九十七:萨支唐,硅谷发展之初的"教父"级华人科学家 ………… 176

  案例九十八:学习采样定理,树立正确科学态度 ………………………… 178

  案例九十九:现代控制理论课程思政案例Ⅰ ……………………………… 180

  案例一百:现代控制理论课程思政案例Ⅱ ………………………………… 182

  案例一百零一:现代控制理论课程思政案例Ⅲ …………………………… 183

  案例一百零二:现代控制理论课程思政案例Ⅳ …………………………… 185

  案例一百零三:电路的功能与作用 ………………………………………… 186

  案例一百零四:"中国天眼之父"南仁东:二十年只做一件事 ………… 188

  案例一百零五:微波测量课程思政案例 …………………………………… 190

  案例一百零六:从"米格-25效应"看系统设计与分析的理念 ………… 192

  案例一百零七:"芯片"卡脖子的挑战 …………………………………… 194

  案例一百零八:进化优化思想起源 ………………………………………… 195

第五章　反面教训 ……………………………………………………………… 198

  案例一百零九:幸福是奋斗出来的 ………………………………………… 198

  案例一百一十:小错误引起的大问题 ……………………………………… 199

  案例一百一十一:以交直争斗反例为鉴,树立正确三观 ………………… 201

  案例一百一十二:柯达输给了自己研制的数码相机 ……………………… 202

第一章 中国元素

案例一：工业软件与强国之路

一、案例信息

所属课程：计算机图形及仿真技术
章节名称：计算机图形系统
　　　　　图形软件
授课教师：齐敏（副教授）

二、课程介绍

本课程属于专业选修课，适用于计算机、电子信息、设计学等专业。课程内容包括真实感图形仿真理论和三维真实感编程实现技术，是虚拟现实技术视觉仿真的核心内容，也是科学可视化领域的主要技术。主要内容包括计算机图形学和仿真技术概述、三维图形技术和图形系统、图形变换原理、真实感图形原理和OpenGL真实感图形仿真，涉及三维实体建模、五个空间坐标系及其关系、消隐算法、光照模型、纹理映射、颜色模型等真实感图形的重要知识点。

三、案例教学目标

本单元教学内容包括第2章的"计算机图形系统"和"图形软件"两小节。通过学习实现以下教学目标：

1. 理解计算机图形系统的组成、功能及分类；
2. 掌握以数字化仪为代表的图形输入设备的主要技术指标；
3. 掌握以光栅显示器为代表的图形输出设备的基本原理；
4. 了解主要图形API、图形引擎、图形建模渲染软件以及工业CAD/CAM/CAE软件的基本功能和主流应用行业。

通过本单元的学习，学生将掌握真实感图形编程所基于的图形硬件原理，了解计算机图形目前所依赖的硬件发展水平和不同种类的图形软件,学会选择由不同商用软件构成的不同的联合开发应用方式。

四、案例思政目标

培养学生对国家科学发展理念的理解,拓宽国际视野,引导和增强学生面对国际复杂形势的忧患意识,培养爱国情怀。

培养学生的使命感,树立责任担当的意识,鼓励学生为自己的学习树立更高的目标,将民族复兴和报效国家的理念融入自己的思想。

五、案例设计及实施过程

本课程在讲述完图形软件内容后,在课堂最后8分钟左右,以PPT图片、文字和一个时长为3分30秒的小视频的多媒体形式进行思政教学。

工业软件因基础性强、研发难度大且规模效益较差,目前主要集中在欧美部分企业手中。我国在技术、产品和产业生态方面与发达国家差距巨大,高端工业软件市场约80%被国外垄断,中低端软件市场的自主率不超过50%,对产业链、供应链等国家工业体系的安全可控性产生至关重要的影响,是典型的"卡脖子"技术关键领域。2021年2月工业软件被列为"十四五"国家重点研发计划首批18个重点专项。

工业软件的开发不仅需要编程能力,更重要的是它以数学为基础,贯穿了物理、化学、力学、材料科学等诸多领域,是对多学科的交叉融合,踏入门槛高。

例如CAD这类软件,要求软件开发者不仅需要懂得工程图形学的知识,而且需要真实感图形学方面的知识,需要把这些知识融合到代码里面,显示到屏幕上。如具有这方面的知识结构,在这一领域将具备优势条件。

如图1-1所示,这张图是用CAE软件模拟所设计的汽车撞击试验,用于测试前引擎机舱是否有足够的韧性吸收撞击产生的能量。

图1-1 CAE软件模拟撞击试验

(资料来源:https://zhuanlan.zhihu.com/p/428127814)

如图1-2所示,这是美国PTC公司旗下的三维CAD软件Pro/E绘制的汽车总装图。

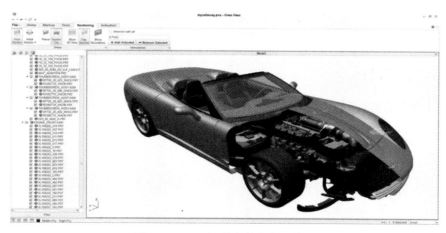

图 1-2 Pro/E 绘制的汽车总装图
（资料来源：https://zhuanlan.zhihu.com/p/428127814）

案例二：工程机械与民族自豪感

一、案例信息

所属课程：计算机图形及仿真技术
章节名称：OpenGL 变换及应用程序构建
授课教师：齐敏（副教授）

二、课程介绍

本课程属于专业选修课，适用于计算机、电子信息、设计学等专业。课程内容包括真实感图形仿真理论和三维真实感编程实现技术，是虚拟现实技术视觉仿真的核心内容，也是科学可视化领域的主要技术。主要内容包括计算机图形学和仿真技术概述、三维图形技术和图形系统、图形变换原理、真实感图形原理和 OpenGL 真实感图形仿真，涉及三维实体建模、五个空间坐标系及其关系、消隐算法、光照模型、纹理映射、颜色模型等真实感图形的重要知识点。

三、案例教学目标

本单元教学内容包括第 5 章第 2 节"OpenGL 变换及应用程序构建"中的"矩阵操作及空间定位"和"几何变换与堆栈"。通过学习实现以下教学目标：

1. 掌握使用 OpenGL 通用矩阵操作及这些指令所隐含的空间定位问题；
2. 掌握几何变换，深刻理解其含义，并能根据模型运动功能，熟练解析其各模块之间的结构关系，利用堆栈技术编程实现并联和级联的复杂模型几何形状。

通过本单元的学习，学生将掌握真实感图形仿真中的重要内容——几何建模，为后续课程打下坚实基础。

四、案例思政目标

培养学生对国家方针政策、科学发展理念的认知,激发学生的民族自豪感和科学报国的理想情怀。

加强学生社会主义职业道德规范的修养,助力正确世界观、人生观和价值观的形成,培养学生不怕吃苦、踏实奋进的工作作风。

五、案例设计及实施过程

本次课程在以汽车式起重机为例,深入剖析利用堆栈构建复杂模型的原理之后,在课堂最后8分钟,以PPT图片、文字和一个4分30秒的小视频的多媒体形式,进行思政教学。

中国的汽车式起重机诞生于20世纪60年代,经过了近50年的发展,其间有过3次主要的技术改进,分别为70年代引进苏联的技术、80年代引进日本的技术、90年代引进德国的技术。但是总体来说,中国的汽车式起重机产业始终走着自主创新的道路,有着自己清晰的发展脉络,尤其是近几年,中国的汽车式起重机产业取得了长足的发展。

近几年,中国汽车式起重机产业除了一家较小的公司与日本合资以外,其余厂家一直在追赶国外先进水平的进程中,一直坚持自主的技术创新道路,基本上没有整体引进国外技术的做法,使得中国汽车式起重机产业在达到和接近国际先进水平的同时,在产品技术上有了明显的中国特色。在走向国际市场的过程中,中国汽车式起重机产业近几年品质水平的快速提高,得到了国际用户的高度肯定。

在整个工程机械领域,2021年全球工程机械制造商前10强(见表1-1)中,美国卡特彼勒、日本小松制作所位列前两位,中国的徐工集团和三一重工携手超越2020年排名第三的美国的约翰迪尔,与卡特彼勒、小松制作所组成全球四强,中联重科也跃居第五,中国工程机械厂商已经成长为可以与美、日掰手腕的强大力量。卡特彼勒和小松制作所是我国工程机械企业面前的两座山,而如何跨越这两座山,是我们这代人在下一个百年需要思考的问题。

表1-1 2021年全球工程机械制造商前10强榜单

排名	排名变化	公司名称	国别	销售额/亿美元
1	0	卡特彼勒	美国	248.24
2	0	小松制作所	日本	185.33
3	+1	徐工集团工程机械有限公司	中国	162.52
4	+1	三一重工	中国	152.16
5	+1	中联重科	中国	99.73
6	0	沃尔沃建筑设备	瑞典	99.18
7	−4	约翰迪尔	美国	89.47
8	−1	日立建机	日本	78.81
9	−1	利勃海尔	德国	74.75
10	−1	斗山INFRACORE	韩国	68.62

(资料来源:https://www.sohu.com/a/464025319_121104943)

如图1-3所示,2020年初新型冠状病毒肆虐,湖北武汉火神山医院10天之内拔地而起,雷神山医院18天建成。在火神山和雷神山医院相继竣工和创造世界纪录的中国速度背后,离不开中国工程机械的实力支撑!

图1-3 火神山医院工地上的汽车式起重机

(资料来源:https://mp.weixin.qq.com/s? src=11&timestamp=1668688922&ver=4172&signature=BAFj7gMGSCbhwCb3ONV4ZCNregoshSCfVv2hZuLcoNc*J5GqRywchCeozoZX0EF6QQk*OEvP20D-kbsyxSt2jgrmVGpQmAFvLFe6Wi69zUe6UVZ4MwVBngIK4FwXjiIN&new=1)

案例三:电路基础课程思政案例Ⅰ

一、案例信息

所属课程:电路基础
章节名称:电路的基本概念
授课教师:尹熙鹏(副教授)

二、课程介绍

西北工业大学"电路基础"课程以国家级教学名师为课程负责人,以国家级教学团队为主讲教师,以国家级精品课程为基础,已成为国家级一流线上课程(西北工业大学"电路基础")的重要组成部分。课程介绍了电路的基本规律与分析计算方法。该课程是高等学校电子与电气信息类专业的重要基础课,对培养学生的科学思维能力、分析计算能力、实验研究能力和科学归纳能力都有重要的作用。

三、案例教学目标

使学生意识到掌握学习方法的重要性重于对知识的理解和消化。

四、案例思政目标

通过重温"授人以鱼不如授人以渔"(《淮南子·说林训》)的典故,使学生认识到掌握学习方法的重要性。

五、案例设计及实施过程

利用教学课件(见图1-4),通过典故让学生了解学习方法的重要性和"只是空想,不去动手实干,将于事无补"的道理。

图1-4　教学课件

案例四:坚持不懈,持之以恒

一、案例信息

所属课程:电路基础
章节名称:三相电路
授课教师:尹熙鹏(副教授)

二、课程介绍

西北工业大学"电路基础"课程以国家级教学名师为课程负责人,以国家级教学团队为主讲教师,以国家级精品课程为基础,已成为国家级一流线上课程(西北工业大学"电路基础")的重要组成部分。课程介绍了电路的基本规律与分析计算方法。该课程是高等学校电子与电气信息类专业的重要基础课,对培养学生的科学思维能力、分析计算能力、实验研究能力和科学归纳能力都有重要的作用。

三、案例教学目标

提示同学们:三相电路是正弦稳态电路的实用分析的第一站,大家不要掉队。

四、案例思政目标

引用荀子的名言:"骐骥一跃,不能十步;驽马十驾,功在不舍;锲而舍之,朽木不折;锲而不舍,金石可镂。"鼓励同学们只有坚持不懈、持之以恒地学习,才能不断进步。

五、案例设计及实施过程

通过教学课件(见图1-5),引用荀子的名言"骐骥一跃,不能十步;驽马十驾,功在不舍;锲而舍之,朽木不折;锲而不舍,金石可镂"。提示同学们:三相电路是正弦稳态电路的实用分析的第一站,大家不要掉队。鼓励同学们认真把知识点掌握扎实,进而由浅入深进行学习。

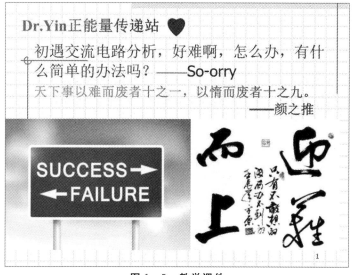

图 1-5 教学课件

案例五:电路基础课程思政案例 Ⅱ

一、案例信息

所属课程:电路基础
章节名称:电路定理
授课教师:尹熙鹏(副教授)

二、课程介绍

西北工业大学"电路基础"课程以国家级教学名师为课程负责人,以国家级教学团队为主讲教师,以国家级精品课程为基础,已成为国家级一流线上课程(西北工业大学"电路基础")的重要组成部分。课程介绍了电路的基本规律与分析计算方法。该课程是高等学校电子与电气信息类专业的重要基础课,对培养学生的科学思维能力、分析计算能力、实验研究能力和科学归纳能力都有重要的作用。

三、案例教学目标

使学生意识到本章学习的定理虽然较多,但是各自的用途不同,要灵活运用,达到迅速解决问题的目的。

四、案例思政目标

引用屈原《楚辞·卜居》中的名言:"尺有所短,寸有所长。物有所不足,智有所不明。"以此启发学生要有互相学习的意识,取长补短,共同进步。

五、案例设计及实施过程

通过教学课件(见图 1-6),引用屈原《楚辞·卜居》中的名言:"尺有所短,寸有所长。物有所不足,智有所不明。"使学生意识到本章学习的定理虽然较多,但是各自的用途不同,要灵活运用,达到迅速解决问题的目的。引申到学生之间要有互相学习的意识,取长补短,共同进步。

图 1-6　教学课件

案例六:学习传统文化,培养科学思维

一、案例信息

所属课程:半导体材料结构与器件性能
章节名称:半导体共混体系相分离结构与性能
授课教师:刘剑刚(教授)

二、课程介绍

"半导体材料结构与器件性能"是西北工业大学电子科学与技术专业的一门专业选修课程,主要包括半导体结构表征技术、半导体结构与性质等相关基础知识,以及光电子器件领域的基本应用和发展趋势。该课程在讲授过程中充分发挥思政的引领作用,将专业课程与国家重大需求、前沿科技热点紧密结合,并引入我国在内外交困的国际形势下艰难发展高科技的艰苦历程,在学生掌握专业知识的前提下培养其爱国情怀。

三、案例教学目标

通过"半导体共混体系相分离结构与性能"章节的学习,实现下述教学目标:
1. 掌握共混体系独特的光电特性,并准确理解共混体系结构与性能之间的关联;
2. 了解清洁能源对人类发展、国家形势及生产生活的影响。

四、案例思政目标

1. 弘扬中国传统文化,鼓励学生利用传统文化的精髓指导自己的学习及生活;
2. 培养学生的人文素养,引导学生利用哲学服务生活,指导学生形成良好的思维能力,能从多角度分析问题,防止片面化看问题;
3. 通过对传统文化的学习,树立学生的民族自信、文化自信。

五、案例设计及实施过程

在阐述有机光伏电池活性层相区尺寸对器件光物理过程影响的过程中(见图 1-7),使学生理解相区尺寸应同时满足"激子扩散"和"载流子传输"两个过程。利用《道德经》中的经典语录引导学生认识到任何事物都具有两面性,两者是矛盾对立的,是相互转化的,从而培养学生全面分析问题的能力。

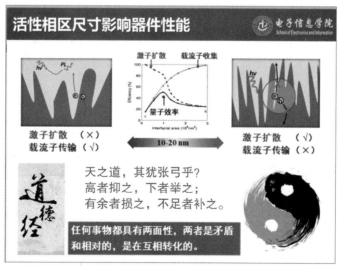

图 1-7 有机光伏电池相区尺寸与光物理过程间构效关系

在实施过程中,首先要介绍有机光伏电池活性层的相区尺寸不仅影响激子扩散,同时还影响载流子传输过程。为保障激子有效扩散至给体及受体界面进行分离,避免激子复合,相区尺寸需尽量小。然而,过小的相区尺寸会增加载流子在传输过程中的双分子复合概率,为促进载流子高效传输,相区尺寸应当越大越好。然而,器件能量转换效率与上述两个过程密切相关,为了获得高能量转换效率就需要保证上述两个过程均顺利进行。因此,我们需要使得相区尺寸在 10~20 nm 之间,既能最大限度地满足激子分离,又能保障载流子顺利传输。

这与《道德经》中"天之道,其犹张弓乎? 高者抑之,下者举之;有余者损之,不足者补之"所阐述的哲学思想是一致的。揭示了任何事物都具有两面性,在看待问题的时候一定要全盘考虑,不能过于片面,才能获得最佳解决方案。

上述课程思政教学主要采取"教师教授"的方式进行,培养学生良好的思考问题的方式方法;将中国传统文化的精髓植入学生脑海,树立学生的民族自豪感与文化自信心。

案例七:碳达峰碳中和,彰显大国风范

一、案例信息

所属课程:半导体材料结构与器件性能
章节名称:有机光伏电池发展历程
授课教师:刘剑刚(教授)

二、课程介绍

"半导体材料结构与器件性能"是西北工业大学电子科学与技术专业的一门专业选修课程,主要包括半导体结构表征技术、半导体结构与性质等相关基础知识,以及光电子器件领域的基本应用和发展趋势。该课程在讲授过程中充分发挥思政的引领作用,将专业课程与国家重大需求、前沿科技热点紧密结合,并引入我国在内外交困的国际形势下艰难发展高科技的艰苦历程,在学生掌握专业知识的前提下培养其爱国情怀。

三、案例教学目标

通过本章的学习,实现下述教学目标:
1. 了解半导体凝聚态结构的内涵、外延,以及主要应用领域;
2. 掌握有机光伏电池将光能转换为电能的基本原理;
3. 了解不可再生能源使用过程中所面临的问题,了解可再生能源的特点及未来发展趋势。

四、案例思政目标

1. 阐述当今全球能源局势,增强学生的环境保护意识。

2. 强化学生的家国情怀及使命担当。
3. 通过认识我国在环境保护方面做出的表率作用,树立学生的民族自豪感。

五、案例设计及实施过程

法国《观察者》指出,人类 21 世纪所面临的十大难题之首即是环境问题。在介绍目前全球所面临的温室效应、极端天气等环境恶化的前提下,阐述我国为解决环境问题所提出的"碳达峰"和"碳中和"的目标,从而使学生意识到我国在为改善人类生存中所做出的表率及努力,树立学生勇于担当的气魄,培养其民族自豪感。

在实施过程中,首先要介绍保护地球环境的重要性。"天不言而四时行,地不语而百物生。"地球是人类共同的、唯一的家园。为了降低碳排放,2020 年 9 月,习近平总书记宣布中国将提高国家自主贡献力度,采取更加有力的政策和措施,力争 2030 年前二氧化碳排放量达到峰值,努力争取 2060 年前实现碳中和的目标。同年 12 月 12 日,习近平总书记在气候雄心峰会上进一步宣布:到 2030 年,中国单位国内生产总值二氧化碳排放将比 2005 年下降 65%以上,非化石能源占一次能源消费比重将达到 25%左右。同时,中央经济工作会议将"做好碳达峰、碳中和工作"列为 2021 年八大重点任务之一。

上述课程思政教学主要采取"教师教授"的方式进行,通过本案例的思政学习,增强学生保护自然环境、勇于担当的意识,让学生深刻体会到我国为人类生存做出的重大贡献及努力,增强其民族自豪感。

案例八:自主创新是科技兴国的重中之重

一、案例信息

所属课程:深度学习加速器设计与实现
章节名称:神经网络训练-2
授课教师:张冠文(副教授)

二、课程介绍

深度学习是机器学习研究中一个新的领域,其本质是利用人工神经网络建立和模拟人脑的分析行为机制,用以理解视觉、语音及文字等数据信息。本课程从数学工具和机器学习等深度学习基本概念出发,结合计算机视觉等具体应用问题,着重介绍深度神经网络特别是深度卷积神经网络工作原理及作用机制、深度学习加速器的设计与实现,讨论深度学习具有前瞻性的方向和想法,突出深度学习技术特征的学习与模式识别能力,强调利用深度学习技术解决应用问题的技术与方法。

三、案例教学目标

掌握与理解如何利用交叉验证方法调节神经网络超参;掌握与理解 Dropout、Batch

Normalization、Layer Normalization 等正则化方法实现形式、计算与梯度传递方法；了解 DropConnect、Fractional Max Pooling、Stochastic Depth 等正则化方法；理解与掌握迁移学习方法与意义、应用场景。重点掌握：迁移学习在深度学习中的应用方法与适用场景；深度学习中 Majority Voting 等集成方法与应用场景；神经网络可视化方法；根据可视化结果分析、诊断神经网络训练问题与改进策略。

四、案例思政目标

加强培养学生在科技领域特别是在人工智能领域发展的忧患意识，引导学生理解国家科学发展理念、拓宽国际视野；树立学生的科研创新精神、钻研精神、奉献精神，培养学生勇担科技兴国使命、报效祖国的理想情怀。

五、案例设计及实施过程

讲解 Dropout 正则化方法，并通过实验与其他传统正则化方法进行对比，突出 Dropout 方法在神经网络训练中的重要作用。同时介绍该方法已经被 Google 公司申请专利的情况（见图 1-8）、科研人员与开源社区对 Google 申请专利的相关讨论，以及我国科研人员对此的相关思考。介绍虽然我国在人工智能领域取得的表现抢眼，已经成为人工智能应用大国，但需要清醒地认识到我国还不是人工智能技术强国，以美国为代表的发达国家仍然掌控人工智能核心技术。

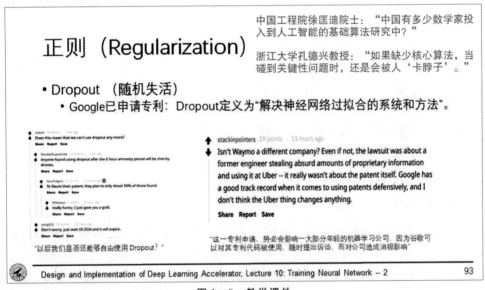

图 1-8 教学课件

进一步引出介绍华为公司对标 Google 公司 Dropout 方法所提出替换方案的 Disout 方法（见图 1-9），并对比 Disout 方法与 Dropout 方法在实验方面的性能指标，说明 Disout 在传统视觉任务上的表现超越 Dropout 方法，在自然语言处理及语音处理任务上同样具备有效性。引导学生具有在科技领域特别是在人工智能领域发展的忧患意识，激发学生科技兴国、科技报国的理想情怀。

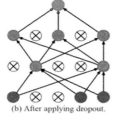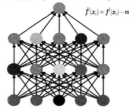

图1-9 教学课件

案例九：钱学森的系统思想，钱老的西工大情缘

一、案例信息

所属课程：系统仿真与分析
章节名称：绪论
授课教师：李波（副教授）、万开方（副研究员）

二、课程介绍

系统仿真与分析是以相似原理、系统技术、信息技术及应用领域相关技术为基础，以计算机和各种模拟器为工具，利用系统模型对真实或假想系统进行研究的一门多学科综合性技术。本课程系统、全面地讲述数学建模与计算机仿真的理论、方法及应用，使学生对系统的建模和仿真技术有一定的了解和掌握，能够对具体的系统进行建模、仿真和分析。

三、案例教学目标

通过对"系统仿真与分析"课程"绪论"的学习，实现下述教学目标：
1. 理解系统、模型和系统仿真的基本概念；
2. 理解系统仿真的工作流程和基本框架概念；
3. 了解系统仿真技术研究和应用的发展趋势。

四、案例思政目标

1. 培养学生的系统思想，初步建立处理问题的系统观点，能够从整体和全局出发去思考问题、解决问题；

2. 培养学生的"爱国爱校"思想，结合钱老的系统思想以及钱老为西工大的三次题词，引导学生认识"系统工程"学科的重要意义。

五、案例设计及实施过程

钱学森（见图1-10）是国际著名科学家、空气动力学家和系统科学家，中国科学院和中国工程院资深院士，中国两弹一星功勋奖章获得者，被誉为"中国航天之父""中国导弹之父""中国自动化控制之父"和"火箭之王"。

图1-10　钱学森

（资料来源:https://www.sohu.com/a/120846301_465915）

钱老以他在总体、动力、制导、气动力、结构、计算机、质量控制等领域的丰富知识，为组织领导我国火箭、导弹和航天器这样一个多学科、大规模的相互联系、交叉互动的复杂作战系统，发展了航天系统工程，包括科学的技术管理、建模仿真、高效率的信息系统等。

钱老发表的《组织管理的技术——系统工程》对运筹学、系统工程和系统分析科学在中国的应用与繁荣起到了重要作用。钱老与王寿云等人撰写的《军事系统工程》，促进了中国人民解放军计算机和作战模拟技术的普及与发展。

钱老对系统科学最重要的贡献是他发展了系统学和开放的复杂巨系统的方法论，1982年11月《论系统工程》出版，1988年10月出版增订版。

钱老一生做人有四条原则：不题词、不为人写序、不出席应景活动、不接受媒体采访。但令人惊诧并颇感荣耀的是，他一生先后在1956年、1957年及1962年三次为华东航空学院、西安航空学院和西北工业大学师生题词（见图1-11），给予学校殷切的关怀和极大的鼓舞。

授课过程中，在讲述系统的概念时，引入钱老的系统论思想以及钱老对中国系统工程学科的创立和发展所起的推动作用，在此基础上进一步引出钱老与西工大的情缘。

通过上述思政学习，一方面使学生感受到"系统工程"专业的重要地位和作用，引导学生逐渐建立系统思维，热爱自己所学专业；另一方面使学生了解钱老多次鼓励西工大学子投身祖国的航空、航天、航海事业建设当中，激发学生爱国爱校、关心军工、献身国防、报效祖国的情怀。

图 1-11 钱学森手迹

（资料来源：https://mp.weixin.qq.com/s?src=11&timestamp=1668689536&ver=4172&signature=n*I0cJeGX8CamwlVvU7YnSzL2*9dycXkiVOGvvy9RBXy34r5UM280ulcQcTgAUw5e6SoyLSMzKiwcABHlB3lPG1ByXGB12IKXI3WBlHOiKKd3ih1OP9X0Y1vVTF8uAE0&new=1）

案例十：不忘初心，砥砺前行——国之重器"歼-20"

一、案例信息

所属课程：军用航空电子系统概论（英）
章节名称：飞机的军事用途和航电系统技术与结构
授课教师：杨若涵（副教授）

二、课程介绍

"军用航空电子系统概论（英）"是西北工业大学探测制导与控制技术专业的一门专业选修课程，主要包括军用航空电子系统的功能、组成和结构，系统总体设计技术，各子系统设计原理以及军用航空电子系统的发展现状和发展趋势等相关内容。

三、案例教学目标

通过"飞机的军事用途和航电系统技术与结构"的学习，实现下述教学目标：
1. 理解空军履行的典型任务以及对不同平台的航电系统、传感器和武器的需求；
2. 理解航电系统的发展过程；
3. 理解导致不同类型系统结构的技术，以及尖端信息处理结构和功能的集成。

四、案例思政目标

引导学生理解国家科学发展理念，拓宽国际视野，培养学生的国家忧患意识和国家安全意识，使其满怀爱国热情，勇担民族复兴使命，发扬时代精神。

培养学生对时代赋予使命的责任担当，激起学生报效祖国的理想情怀，从而满怀创新精神、钻研精神和奉献精神。

五、案例设计及实施过程

实际教学中,在讲完飞机的军事用途中的制空战斗机的专业知识后,在讲解世界各国生产的制空战斗机案例时,结合航空工业发展史,为大家讲述中国自主研发的第五代制空战斗机——歼-20(见图1-12),并通过视频展示歼-20对比其他欧美强国制空战斗机的性能优劣。

图1-12 歼-20制空战斗机

(资料来源:https://mq.mbd.baidu.com/r/Q5Hzc0ViUM? f=cp&rs=3439920252&ruk= fUfthcOtaB-w-J7BiHMvqw&u=aa5059a5dadd16ea&urlext=%7B%22cuid%22% 3A%22gP2qi08i2f0Na28xga2Mu_aJva0eP28hjuS6tl8N2aKZ0qqSB%22%7D)

从1949年开国大典上,周总理说的"飞机飞一次不够,可以飞两次",到如今歼-20、运-20等国之重器的相继服役列装,历代航空人在习近平新时代中国特色社会主义思想的指导下,不忘"民族复兴"之初心,牢记"强军兴军"之使命,潜心科研、攻坚克难,突破了多项瓶颈技术,打破了西方列强的技术封锁,将我国的航空装备推到了一个新的台阶,实现了"从无到有、从有到精"的质的飞跃。

歼-20是我国自主研发的一款具备高隐身性、高态势感知、高机动性等能力的隐形第五代制空战斗机,解放军研制的最新一代双发重型隐形战斗机,该机的综合性能达到世界领先水平,可谓是中国航空工业多年发展的结晶与骄傲,也是我国维护国家主权和领土完整的利器。相比美国的F-35战机,歼-20的性能特点较为突出、动力系统较好、航电系统较为先进。

通过上述思政学习,一方面激发学生的民族自豪感,坚定了学生对我国各项政策方针、科学发展理念的认同;另一方面培养学生的国家忧患意识,激发学生报效祖国的情怀。

案例十一:"航天无小事,成败在毫厘"——大国工匠韩利萍:以"毫厘"精神助力我国航天事业

一、案例信息

所属课程:电子测量(英)
章节名称:测量误差及处理

授课教师：郭哲（副教授）

二、课程介绍

"电子测量（英）"是电子信息工程专业国际班的专业选修课程。讲授内容包括电子测量的基本原理、测量误差分析和实际应用，主要电子仪器的工作原理、性能指标、电参数的测试方法，该领域的最新发展，等等。电子测量综合应用了电子、计算机、通信、控制等技术，适用于信息与通信工程、控制科学与工程等相关专业。

三、案例教学目标

1. 掌握测量误差的计算和各种测量数据的统计方法；
2. 掌握误差分布概率和分布函数；
3. 了解测量误差的产生和降低误差的方法。

四、案例思政目标

通过分析人的主观意识形态和误差之间的关系，阐述做事认真、踏实是正确价值观的体现。

讲述"大国工匠韩利萍：以'毫厘'精神助力我国航天事业"的生动事例，让学生感受精益求精、一丝不苟的榜样力量。

五、案例设计及实施过程

讲述完误差的类别后，给学生抛出一个问题：如何消除误差？首先让学生对该问题进行讨论，然后给出"大国工匠"韩利萍的例子，让学生充分了解"航天无小事，成败在毫厘"的重要性，让学生感受精益求精、一丝不苟的榜样力量。

航天无小事，成败在毫厘。1°的误差在生活中可以忽略不计，而火箭发射平台倾斜1°，将会导致高50多米的火箭偏离发射中心800多毫米，均布在3 m圆周上的最低点的支撑装置将产生20%的过载，这种误差的后果将直接导致火箭无法准确入轨。

以长征七号运载火箭活动发射平台为例，活动平台重1 800余吨，有两个篮球场大。韩利萍操作生产的四通均流阀体是长征七号发射平台液压装置的关键控制件，不足200 mm^2 的工件上大大小小分布着70余个各种规格的阀孔，每个阀孔的加工精度都必须控制在0.02 mm公差之间，这相当于头发丝的1/3。

从业近30年，她在载人航天、嫦娥探月、北斗导航和新一代运载火箭发射支持系统以及国家重点国防装备产品的研制生产中，发扬航天"三大精神"，以国为重，刻苦攻关，以严慎细实的作风在三尺铣台诠释了劳模精神、劳动精神、工匠精神的时代内涵，在实现航天强国目标的时代征程中践行着矢志不渝的初心使命。

通过本案例的思政学习，学生最大的收获是感受到了对本职工作精益求精、一丝不苟的榜样力量，深刻体会到航天无小事，从而建立做事认真、踏实的正确价值观。

案例十二：铸大国之眼　探大国重器　立强国之梦

一、案例信息

所属课程：合成孔径雷达遥感原理与应用
章节名称：国内外典型 SAR 遥感系统
授课教师：陶明亮（副教授）

二、课程介绍

本课程聚焦国之重器——微波遥感卫星，系统地介绍合成孔径雷达的基本理论、工作原理、信号处理流程、系统参数设计和质量评估方法。同时，从国内外合成孔径雷达的遥感实测数据分析着手，讲解遥感成像雷达在军事、民事等领域的典型应用、难点问题和关键技术，并对遥感成像雷达的前沿技术和发展趋势进行展望。

本课程适用于电子信息、航空航天等大类专业学生。

三、案例教学目标

知识目标：掌握国内外合成孔径雷达的发展历程，了解典型机载、星载微波遥感系统的系统参数；

能力目标：具备分析总结国内外合成孔径雷达系统的发展趋势的能力；

素质目标：增强学生对国之重器核心技术背后故事的了解，引导学生将专业方向与国家急需对接，个人发展与国家进步统一，培养学生的学术兴趣和科研热情。

四、案例思政目标

增强学生对国之重器核心技术背后故事的了解，让学生明白"掌握高分对地观测信息自主权的过程很艰难，但这条道路必须走"的道理，从而知道国家需要什么样的人才，树立正确的职业价值观。

培养学生对时代赋予使命的责任担当，激发学生的学习热情，并以科研成果报效祖国的理想情怀，从而满怀创新精神、钻研精神和奉献精神投入到学习中。

五、案例设计及实施过程

高分辨率对地观测系统重大专项是《国家中长期科学和技术发展规划纲要（2006—2020年）》中部署的 16 个重大专项之一，用于发展我国高分对地观测技术，构建我国高分对地观测体系，掌握高分对地观测信息自主权。高分三号卫星成功发射（见图 1-13），标志着我国合成孔径雷达卫星研制技术实现了重大突破，雷达成像卫星全面服务国民经济建设的时代来临。

从汶川地震中的大国之殇引入，以高分三号合成孔径雷达遥感卫星为切入点，介绍我国高分对地观测体系的重大战略,讲述我国合成孔径雷达系统技术"从无到有、从有到优、从追赶到超越"的发展历程、困难和发展成就。借助汶川地震中的大国之殇等热点时事和最新遥感应用实例,通过播放《大国基业——中国之盾》等系列纪录片,激发学生对于我国雷达遥感事业发展的认同感与荣耀感,引导学生将专业方向与国家急需对接,个人发展与国家进步统一,把强军梦、西工大梦和个人梦融入实现中华民族伟大复兴中国梦的实践之中,为国防科技事业和国民经济建设做出贡献。

图1-13 高分专项工程高分三号卫星成功发射

(资料来源:http://pic.people.com.cn/n1/2016/0810/c1016-28626645-2.html)

案例十三:美国对中国半导体产业进行打压的深层原因

一、案例信息

所属课程:模拟电子技术基础Ⅰ

章节名称:半导体概述

授课教师:杨雨奇(讲师)

二、课程介绍

本课程是电子信息类专业本科生的学科基础课,具有工程性和实践性强的特点;在四年制本科学习中起着承上启下的作用。本课程主要内容包括半导体器件、基本放大电路、集成运算放大器与有源滤波器、负反馈放大电路、功率放大电路与直流电源等。作为电子信息类专业的主干课程之一,本课程的主要任务是通过该课程的学习,使学生熟练掌握常用半导体器件的性能、参数和使用方法,建立模拟放大电路的一般概念,牢固掌握常用放大电路的组成、工作原理、性能特点、分析方法和工程计算方法,为电子系统的工程实现和后续课程学习打下必备的基础。

三、案例教学目标

通过学习半导体电子器件与电子电路发展史概要，了解模拟电子电路发展史。

四、案例思政目标

充分挖掘"模拟电子技术基础Ⅰ"课程教学内容中所蕴含的辩证唯物主义思想，在课堂教学中注重科学的辩证唯物主义教育，提高辩证思维的能力。

五、案例设计及实施过程

近期全球半导体销售情况：2014年至今，全球半导体每季度的销售额基本保持在800亿美元上下，全年大约为3 200亿美元以上。从2016年5月开始全球半导体销售额一直保持增长态势，2017年第四季度半导体全球销售额达到1 140亿美元，2017年全年销售额首度超过4 000亿美元。2018年全年销售额约为4 500亿美元。

亚太地区增长最快，得益于中国市场扩张迅速。

据统计，过去的10年间亚太地区（除日本）销售额从2008年的1 241亿美元增长到2017年的2 489亿美元，年复合增长率达到7.2%，远高于全球5.16%的增速，占比也从50%提高到60%。

而亚太地区销售规模最大的国家就是中国，目前中国市场可以占整个亚太市场的60%以上，如图1-14所示，将中国从亚太分离可以看到全球半导体销售分布情况，中国半导体销售额最大，2017年中国半导体销售额达到1 315亿美元，已经接近全球的1/3；其次是美国，达到20%以上。

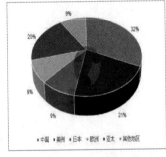 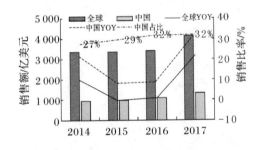

图1-14 全球半导体销售分布图及中国半导体市场销售额增长图

（资料来源：https://mp.weixin.qq.com/s?src=11&timestamp=1668690504&ver=4172&signature=cDwQp1AXuquVORsfB2Wf*s1B-WzqjLXbUwx2YlzS-yButSvPtTmeKtcY13qIGGRwLK8HzaEhlYwYmQijOvNxW4poLUni9pqmJn4bHsSmzRzqYOS3M1fdXCtICOWzZeNi&new=1)

正是基于以上利益相关，美国才在"特朗普"政府的指导下开始了对以华为为代表的中国半导体产业的持续打压。

但是我们也要看到，短时的阵痛，换来的是中国在党和政府领导下，半导体技术的整体发展以及各项技术的不断突破。

美国对中国半导体产业的打压,对于中国既是挑战,也是机遇!

通过本案例的学习,提高学生对国家大事的思辨能力,培养学生的乐观心态,增强学生的爱国精神!

案例十四:华为事件以来中国芯片的一些突破

一、案例信息

所属课程:模拟电子技术基础Ⅰ
章节名称:集成电路
授课教师:杨雨奇(讲师)

二、课程介绍

本课程是电子信息类专业本科生的学科基础课,具有工程性和实践性强的特点;在四年制本科学习中起着承上启下的作用。本课程主要内容包括半导体器件、基本放大电路、集成运算放大器与有源滤波器、负反馈放大电路、功率放大电路与直流电源等。作为电子信息类专业的主干课程之一,本课程的主要任务是通过该课程的学习,使学生熟练掌握常用半导体器件的性能、参数和使用方法,建立模拟放大电路的一般概念,牢固掌握常用放大电路的组成、工作原理、性能特点、分析方法和工程计算方法,为电子系统的工程实现和后续课程学习打下必备的基础。

三、案例教学目标

通过对集成电路的结构进行分析,了解集成电路的发展史。

四、案例思政目标

充分挖掘"模拟电子技术基础Ⅰ"课程、工程实践课程的自身定位,充分结合国产芯片的实际突破,提高学生的爱国自豪感。

五、案例设计及实施过程

中国光刻机有新突破

中国在努力突破制造光刻机的瓶颈。不久前,"十三五"科技创新成就展览展示了由上海微电子(公司)研制的 90 nm 及以下的 SSA600 光刻机。而最新研制的 28 nm 光刻机 SSA800 有了新进展,其照明系统与投影物镜、光源、双工件台、浸液系统这四大关键技术均已实现突破,正进行量产。国产光刻机的突破,保证了在全球芯荒的局势之下,能够稳定我国本土的芯片供应。

值得一提的是，现在光刻机的大头企业当属荷兰的 ASML 和日本的尼康，而我国新自主研发的 SSA800 光刻机，已经能够追赶得上日本尼康的脚步，甚至比荷兰的 ASML 的一些 38 nm 的光刻机好许多。一旦成功研制上市，我国上海微电子公司将成为世界第三家能够生产浸润式光刻机的企业！

中芯国际传来好消息！

中芯国际作为中国大陆的芯片制造企业大头，今年一直在实现新突破，在中国陷入芯片"卡脖子"的时候，中芯国际的自主研发给国家带来信心和动力，也使中国半导体产业不断崛起。而在这一段时间，中国芯片方面也传来好消息！

在产能上实现再突破：11 月 12 日，中芯国际的高管表示，公司将在 2022 年，将 12 英寸晶圆产能扩大至两倍，北京、上海以及新建的深圳工厂月生产共计 24 万片。

倪光南愿望成真？100%自研中国芯再迎突破，中科院再立一记大功！

在中科院的操刀之下，我国第一枚百分百国产的自研芯片呱呱落地，这对于我国来说可谓意义非凡。

在此之前，我国发布的很多国产自研芯片严格意义上来说"血统"并不纯正，因为我国在芯片生产过程中有一个重要环节还是被外国拿捏着，那就是芯片架构使用的都是外国工艺。目前世界上广泛应用的主流芯片架构分别是美国英特尔的 X86 和英国 ARW 的 ARM。这就意味着，只要他们乐意，就能够随时卡我们脖子。

所以中科院在很早之前就开始全力研发芯片架构，终于在今年 4 月份，国产自研芯片架构 LoongArch 正式面世，并顺利依据这个芯片架构，研发生产出完全达到国际主流 CPU 标准的龙芯 3A5000 芯片。

此前，在龙芯团队对外公布了 3A5000 之后，许多网友就很关心它的动向，也有人质疑这么一款 CPU 产品公布之后会没有软件可用，因为相对英特尔和 AMD 等主流 CPU 使用的 X86 指令集，龙芯使用的是自主研制的 LoongArch，在软件兼容性和生态上令人担忧。

因为在芯片设计环节，指令集和 IP 核心肯定是绕不开的环节，可以说世界上大部分生产 CPU 的厂商都是采用购买指令集的方式，进行 CPU 研发的。

但龙芯在诞生之初就是为了打造一款拥有百分百自主研发知识产权的处理器，防止国外对我们进行"卡脖子"，所以如果购买了指令集和 IP 授权的话，那就不能称为百分百自主研发，龙芯也因为这个背景研发了 LoongArch。可以说 3A5000 芯片是一枚完全由我国自主生产的芯片，也是我们第一次突破海外企业对国产 CPU 的包围封锁。

芯片"卡脖子"相关技术　中国团队实现新突破

中关村在线消息：据相关媒体报道，2021 年 11 月 4 日在 EDA（电子设计自动化）领域的国际会议 ICCAD（计算机辅助设计国际会议）上，华中科技大学计算机学院吕志鹏教授团队获得了 CAD Contest 布局布线（Routing with Cell Movement Advanced）算法竞赛的第一名。团队成员还包括苏宙行、罗灿辉、梁镜湖和谢振轩。

第一章 中国元素

首颗国产全功能 GPU 研发成功

11月25日消息:国产芯片初创公司摩尔线程宣布首颗国产全功能GPU芯片如期研制成功,同时完成了A轮20亿元融资。

摩尔线程表示,这颗国产全功能GPU已经开始适配国产主流CPU和操作系统,并将联合广泛的生态伙伴,基于国产技术创新打造"中国完美体验系统",旨在为消费者和企业级客户提供最佳用户体验。

"龙鹰一号"流片成功,车谷助力中国汽车芯片自主研发实现突破

据了解,由湖北芯擎科技自主研发的车规级超大规模SOC智能座舱专用芯片"龙鹰一号"已流片成功,将于今年12月10日正式对外发布。该产品预计于2022年完成上车集成和测试,将打破此前国外供应商在这一市场的垄断地位,填补我国在自主设计高端智能驾舱平台主芯片领域的空白。

据悉,凭自主芯片打入智能驾舱领域,只是芯擎科技在汽车芯片领域迈出的第一步。目前,芯擎科技已规划了完整的汽车半导体产品线,涵盖智能驾舱、自动驾驶、汽车大脑、边缘计算等领域。

CCTV:"芯荒"正帮助国产汽车芯片实现零的突破

据央视报道,持续的缺芯局势促使芯片供应商和车企正在进行策略调整。

据受访的北京某芯片企业表示,从今年开始做能源车的芯片会越来越多,第一是由于芯片荒(采购不到足量的芯片),第二是车企开始愿意做更多尝试。该企业透露,去年国产企业芯片在汽车领域的应用占比基本是零,而今年可能达到5%~10%的空间。

同时,在大功率IGBT、高算力智能处理芯片等领域已经有比亚迪、地平线等企业的产品开始崭露头角乃至和国际同类产品竞争而不落下风。

前世界首富比尔·盖茨在美国对华为等中国科技企业实施芯片制裁的时候就预言过,这种做法只会把中国逼到走上自研的道路,并且用不了多久中国就能够实现芯片自由,甚至未来超越美国。

诚然,比尔·盖茨说对了!不仅华为等备受限制的中国科技企业没有"缴械投降",而且越来越多的中国企业也被警醒,一步步开始摆脱对外国的依赖。

(资料来源:http://www.thepaper.cn/news Detail-forward_8375713)

案例十五:量子芯片解开国内光刻束缚

一、案例信息

所属课程:模拟电子技术基础 I
章节名称:放大器级联
授课教师:杨雨奇(讲师)

二、课程介绍

本课程是电子信息类专业本科生的学科基础课,具有工程性和实践性强的特点;在四年制本科学习中起着承上启下的作用。本课程主要内容包括半导体器件、基本放大电路、集成运算放大器与有源滤波器、负反馈放大电路、功率放大电路与直流电源等。作为电子信息类专业的主干课程之一,本课程的主要任务是通过该课程的学习,使学生熟练掌握常用半导体器件的性能、参数和使用方法,建立模拟放大电路的一般概念,牢固掌握常用放大电路的组成、工作原理、性能特点、分析方法和工程计算方法,为电子系统的工程实现和后续课程学习打下必备的基础。

三、案例教学目标

通过学习放大器的级联,了解放大器的级联类型及分析方法。

四、案例思政目标

充分挖掘"模拟电子技术基础Ⅰ"课程教学内容中所蕴含的辩证唯物主义思想,在课堂教学中注重引导学生灵活运用所学知识,启发、培养学生敢于创新、敢于思考、突破窠臼的科研能力。

五、案例设计及实施过程

量子芯片解开国内光刻束缚,中科院正式官宣

正如任正非所言,"华为有着全球最顶尖的芯片设计水平,可国内却没有相应的高端芯片制造工艺",言语之中透露了对美国芯片禁令的无奈。国内其实不缺乏芯片的制造人才,而是缺工艺,缺少能够制造高端芯片的光刻机。

全球最顶尖的光刻公司是荷兰的 ASML,但由于其含有大量的美国科技,因此在美国的限制政策下,并不能提供给我们 5 nm 工艺的高端 EUV 光刻机。虽然中科院将光刻技术列入了科研任务,但光刻机的制造,不仅需要上千个半导体元器件的搭配、上万个晶体管的合成,而且还要有大量的基础科技运用,绝非一朝一夕就能搞定。

面对这样的局面,张钹院士表示,"中国科技必须要选择新灯塔、新航道"。这个"新灯塔、新航道"指的是什么呢?日前中科院的官宣,把中国未来科技的大道展示在我们眼前。

攻克量子芯,解开光刻封印

潘建伟院士代表中科院正式宣布:"已攻克光量子芯片、量子芯片两种技术,中国在这一领域实现全球领跑。"这意味着光刻技术的封印即将解开。

必须要知道的是,量子芯片就是将量子线路集成在基片上,进而承载量子信息处理的功能,量子芯片的优势,除了传输效率快,还具有绝对的安全保障,被称作是通信领域的"安全盾",量子芯片的设计制造完全绕开了光刻技术。

与电子芯片相比,量子芯片才是国家的重点战略方向,中科院有关量子技术的突破、国

内首家量子公司的成立,是我国科研人员花费了数十年的心血才取得的成果。美国的技术封锁是双刃剑,不可否认给中国科技企业的发展带来了很大的麻烦,但也促进了中国科技实现自主化的决心。所谓的市场公平,不过是建立在自己足够强大基础之上的说辞而已!

同样,大家在学习放大器的级联时,既要掌握已有知识,也要不拘泥于已有知识,要敢于创新、敢于思考,培养自己突破窠臼的科研能力。

案例十六:"中国航天之父"钱学森

一、案例信息

所属课程:自动控制原理1
章节名称:绪论
授课教师:曹菊红(讲师)

二、课程介绍

本课程主要学习自动控制原理的基本概念和自动控制系统分析、设计(校正)的基本原理与方法。主要内容包括经典控制论中线性定常系统的时域分析法、根轨迹法和频率响应法,以及线性系统的校正方法,并学习部分离散控制系统和非线性控制系统分析的基本原理与方法。通过课程的理论学习和实践环节,使学生具备控制工程领域最基本的概念和常识,掌握常用的控制系统的分析与设计的理论与方法。

三、案例教学目标

了解自动控制理论的发展简史,明确控制系统的任务、组成及自动控制的基本概念(被控对象、被控量、给定量、干扰量等)。侧重讲述开环控制和闭环控制的基本原理和特点,闭环(反馈)控制是本章的重要概念。通过示例,建立起系统的基本概念,初步掌握由系统工作原理图画出系统方块图的方法。正确理解对控制系统稳、准、快的要求。

四、案例思政目标

本案例在讲解自动控制理论发展史的过程中,和学生分享"中国航天之父"、两弹一星功勋奖章获得者钱学森的故事,尤其是他在控制领域做出的杰出贡献。他在1954年出版了《工程控制论》,首创性地把控制论推广到工程技术领域,是控制论的一部经典著作,有中、英、德、俄等版本。钱学森及《工程控制论》使得我们中国人在控制理论的科学研究领域占有一席之地,极大提升了民族自豪感,也激励学生努力学习,争取再创辉煌,为国争光。

五、案例设计及实施过程

插入钱学森的一些资料,让学生深切了解我们国家的功勋人物,用老一辈科学家的故事鼓励学生努力求学、报效祖国。

钱学森,男,汉族,中共党员,浙江杭州人,1911年12月出生,1970年6月入伍,生前系原总装备部科技委高级顾问、中国科学院院士、中国工程院院士,曾任全国政协副主席,党的九大至十二大代表。

钱学森是我国航天事业的先驱和杰出代表,被誉为"中国航天之父"和"火箭之王"。他的著作《工程控制论》,首创性地把控制论推广到工程技术领域,对控制理论及实践做出了重大贡献。

他在美国生活了10多年,赢得了崇高的名誉,拥有了足够的金钱,可是在祖国需要他的时候,断然放弃了这些身外之物,投奔祖国的怀抱,参与新中国的建设,并做出了重大的贡献。

费尽周折回国后,钱学森在中国科学院、国防部等部门担任重要职务,对我国国防航空工业的建设提出重要的建设性意见,成立了导弹、航空科学研究的领导机构——航空工业委员会,并被任命为委员。可以说钱学森是我国航空事业的奠基人。西北工业大学作为航空专业的高等学府,有这样的德艺双馨的令人敬仰的国际知名前辈,是十分值得自豪和骄傲的,我们的学生能在这样的航空院校学习并在不久的将来为我国的航空航天事业添砖加瓦,是多么令人振奋啊!

案例十七:学好火控,强国强军

一、案例信息

所属课程:航空综合控制原理
章节名称:绪论
授课教师:张堃(副教授)

二、课程介绍

"航空综合控制原理"是探测制导与控制技术专业的专业必修课,主要研究航空武器攻击过程中的飞机引导、目标探测、攻击瞄准、武器发射与制导等技术,重点讲授典型攻击方式下载机、目标、武器弹药的相对运动关系和火力控制问题的数学模型及其解算方法。课程对培养航空工程装备技术保障和指挥管理人才,以及飞机火控系统总体论证研究人员,具有重要的基础作用。通过课程的学习,学生能够掌握航空综合火力控制的基本原理和分析、求解方法,为进一步开展本专业科研及学习打下坚实的理论基础。本课程的教学质量对学生今后的工作以及本专业硕士、博士学位攻读有着非常重要的影响和作用。

三、案例教学目标

通过"绪论"的学习,使学生理解航空火力控制的任务、分类以及系统的发展,并了解航空火力控制系统的发展趋势和方向。通过案例引导,使学生了解课程知识在国防军事领域的典型应用。

四、案例思政目标

培养学生对我国政策方针、科学发展理念的理解,培养国家忧患意识,满怀爱国热情,勇担民族复兴的使命,发扬时代精神。培养学生对时代赋予使命的责任担当,激发学生的爱国情怀,以及学习强国强军的理想情怀。

五、案例设计及实施过程

如图1-15所示,通过讲述南斯拉夫大使馆被轰炸的新闻,结合作战过程,引导学生认识到本门课程在军事作战过程中具有重要的应用价值,使学生了解本课程所涉及的专业知识和技能在国家发展、国防建设、军事能力提升等方面的重要作用,从而在学习动机、学习兴趣上得到较深的思政教育。

图1-15 作战过程

1999年5月8日早上5点45分,美国未经联合国授权,擅自派出B-2轰炸机,从空中精准扔下了5枚精确制导JDAM导弹,分别从5个不同的方位对位于塞尔维亚贝尔格莱德樱花路3号的中华人民共和国驻南斯拉夫联盟大使馆进行轰炸。这次轰炸行动不仅将我国驻南斯拉夫大使馆基本夷为平地,还导致我们的3名记者邵云环、许杏虎和朱颖死亡,6人重伤以及20人轻伤。

美国为了自身利益,擅自轰炸我国大使馆是彻头彻尾的霸权行为,也是我国历史的耻辱,我们必须铭记。同时也使我们认识到,只有大力提升自身科学技术实力水平,才能保护我们的国家。

通过案例讲述,加深学生对我国政策方针、科学发展理念的理解,培养国家忧患意识,满怀爱国热情,勇担民族复兴的使命,发扬时代精神。培养学生对时代赋予使命的责任担当,激发学生的爱国情怀,以及树立坚定的强国强军的理想情怀。

案例十八：事物的两面性

一、案例信息

所属课程：模拟电子技术基础实验
章节名称：运算放大器的基本应用
授课教师：包涛（副研究员）

二、课程介绍

"模拟电子技术基础实验"是西北工业大学电类及电类相关专业的一门学科基础课。课程内容包含半导体元件及其基本电路、放大电路基础、反馈电路、运算放大器及其应用、振荡电路基础、直流稳压电源等。通过本课程的学习，使学生获得半导体器件和模拟电子电路的基本理论、基本知识和基本技能。

三、案例教学目标

素质目标：培养学生的创新意识与创新能力。
知识目标：理解开关直流稳压电源和线性稳压电源的特性区别；掌握直流稳压电源的纹波测试方法。
能力目标：培养学生分析问题和解决问题的能力。

四、案例思政目标

在讲授"直流稳压电源"时，讲授直流稳压电源可将交流市电转换成直流电源提供给电子设备，但与此同时也对电网产生了谐波污染，从而引导学生：事物运动发展是矛盾运动的结果，所以事物总具有两面性，既对立又统一。鼓励学生用科学发展观全面看待问题。

五、案例设计及实施过程

本节的思政教学穿插于授课阶段，在讲述开关电源性能时，以 PPT 结合讲述的形式进行思政教学。

电能的发展非常迅速，时至今日电能几乎已普及全世界，而直流稳压电源作为直流电能的提供者，对今天的电子设备以及工业有着非常重要的作用。直流稳压电源将交流市电转换成直流电源，而转换出来的电流的稳定性取决于直流稳压电源的性能。晶闸管整流设备在稳压电源中的广泛应用，给电网带来了相当多的谐波。据统计，由整流设备引起的谐波将近达到全部谐波的 40%，是谐波的一个主要来源。

随着电子技术的不断发展，公网中谐波污染越来越严重，谐波造成的事故也越来越多。那么，谐波到底会对电力系统和电力设备造成哪些损害呢？

1. 供电线路损耗。集肤效应和邻近效应，使线路电阻随频率增加而增大，造成电能的损失和浪费;谐波电流可能造成线路过载、过热,高频谐波还会造成集肤效应,降低电缆的载流能力。

2.影响电气设备的正常工作。谐波电流的存在导致电力变压器产生附加损耗,从而引起过载、过热,加速绝缘介质的老化,甚至损坏。

3.会使电子电气设备出现较大误差,甚至引起设备失灵。

案例十九:遭遇技术封锁,国产芯片该如何突围?

一、案例信息

所属课程:模拟电子技术基础实验
章节名称:运算放大器的基本应用
授课教师:包涛(副研究员)

二、课程介绍

"模拟电子技术基础实验"是西北工业大学电类及电类相关专业的一门学科基础课。课程内容包含半导体元件及其基本电路、放大电路基础、反馈电路、运算放大器及其应用、振荡电路基础、直流稳压电源等。通过本课程的学习,使学生获得半导体器件和模拟电子电路的基本理论、基本知识和基本技能。

三、案例教学目标

素质目标:培养学生的创新意识与创新能力。
知识目标:理解集成运算放大器的工作原理;了解并掌握集成运算放大器组成基本运算电路的功能。
能力目标:培养学生分析问题和解决问题的能力。

四、案例思政目标

创新精神:在讲授"集成电路运算放大器"的时候,讲述国产芯片在技术封锁中艰难求发展的历程,增强学生的民族自豪感和创新意识;指出集成电路产业是衡量国家综合实力的一个重要标志;再结合美国对我国发动贸易战和芯片制裁的事实,激励学生以祖国强盛为己任,为自主知识产权而发奋学习。

五、案例设计及实施过程

本节的思政教学穿插于导课阶段,在讲述运算放大器性能时,以 PPT 结合讲述的形式进行思政教学。

在苹果新产品发布会前夕,华为创始人任正非罕见地在华为中央研究院举行创新先锋座谈会。任正非表示,如今的华为正在经历第四轮打击,处境确实比以前难很多,不过华为的人才招聘政策不会变,华为之所以会被"欺负",正是因为没有自主的产业供应链。换句话说,华为如果不想再受其他人牵绊,那就必须让麒麟芯片做到100%纯国产。

随着时代的发展,中国在各个领域都获得了优异成绩。然而,相对于军事领域来说,中国在科技领域的发展速度是比较慢的,尤其在芯片领域,中国常年受到西方封锁。

作为国内实力最强的芯片代工厂商,中芯国际是目前国内唯一能够支持量产 14 nm 芯片的晶圆代工企业。不过由于高端光刻机缺位的影响,7 nm 工艺的研发进展一直比较迟缓。作为顶级光刻机的供应商,荷兰 ASML 受各种因素影响一直没有向中国交付 EUV 光刻机(见图 1-16)。

目前,国内最先进的光刻机是上海微电子公司自主研发的 28 nm 光刻机,距离荷兰 ASML 公司的光刻机技术仍有较大差距。

因此,如果想在芯片领域获得长足发展,就必须突破重重技术封锁。只有迈过这道坎,中国半导体行业才会迎来更为蓬勃的春天。

图 1-16　EUV 光刻机

案例二十:从"国产化"到"国际化",看中国自主创新之路

一、案例信息

所属课程:模拟电子技术基础实验
章节名称:运算放大器的其他应用
授课教师:包涛(副研究员)

二、课程介绍

"模拟电子技术基础实验"是西北工业大学电类及电类相关专业的一门学科基础课。课程内容包含半导体元件及其基本电路、放大电路基础、反馈电路、运算放大器及其应用、振荡

电路基础、直流稳压电源等。通过本课程的学习,使学生获得半导体器件和模拟电子电路的基本理论、基本知识和基本技能。

三、案例教学目标

素质目标:培养学生的创新意识与创新能力。

知识目标:理解集成运算放大器的工作原理;了解并掌握波形发生器原理以及占空比调整方法。

能力目标:培养学生分析问题和解决问题的能力。

四、案例思政目标

工匠精神:加强学生的国家安全、国家忧患意识,使其深刻体会到自力更生是中华民族自立于世界民族之林的奋斗基点,自主创新是攀登世界科技高峰的必由之路。只有自信的国家和民族,才能在通往未来的道路上行稳致远。从而引导学生满怀爱国热情,担负起时代赋予的使命和责任。

五、案例设计及实施过程

本节的思政教学,将结合课程内容中的运算放大器芯片引出"中国芯"的历史和发展过程。

自20世纪50年代第一个晶体管发明以来,半导体产业经历了集中增长的时期。而在此期间,新中国刚成立,百废待兴,正举全国之力发展农业和重工业,人民刚刚解决温饱问题,以当时的经济与人才储备而言,无法分身参与到西方国家这场高精尖的角逐之中,因此中国芯片落后几代,以至于今日仍在超英赶美的路上。

改革开放以来,随着芯片研究的深入,技术不断革新,仅以光刻技术而言,光刻机采用的光源波长不断降低,由g线到极紫外技术,特征尺寸(台积电公司)突破7 nm并量产,而作为国内芯片代表的中芯国际,2019年底实现14 nm制程良率达到95%,但已被美国拉入黑名单。

此外,1996年世界主要的工业设备和武器制造国成立了一个国际性组织《关于常规武器与两用产品和技术出口控制的瓦森纳协定》(简称《瓦森纳协定》),旨在控制常规武器和高新技术贸易。该组织虽然允许成员国在自愿的基础上对各自的技术出口实施控制,但实际上成员国在重要的技术出口决策上受美国影响,这严重影响着我国与成员国之间开展的高技术国际合作。在中美高技术合作方面,美国总以出口限制政策为借口,严格限制航空、航天、信息、生物技术等高技术向我国出口。尤其在半导体领域,受限于《瓦森纳协定》,从芯片设计到生产,中国都不能获取到国外的最新科技。

中国芯受时代因素影响和外部因素的限制,发展过程势必面临巨大挑战。然而,树高叶茂,系于根深。自力更生是中华民族自立于世界民族之林的奋斗基点,自主创新是我们攀登世界科技高峰的必由之路。只有自信的国家和民族,才能在通往未来的道路上行稳致远。

案例二十一：了解"东方红一号"卫星，树立科技报国信心

一、案例信息

所属课程：微波工程
章节名称：传输线方程及其解
授课教师：郑奎松（副教授）

二、课程介绍

"微波工程"课程是电子信息工程与通信工程专业的学生目前以及今后不可缺少的一门专业课。学习本课程要求学生具备必要的数学和电磁学基础知识。本门课程重点讲授"路"的分析方法——传输线理论，将其用于分析微波无源元件及微波网络的工作原理的讲授当中。

三、案例教学目标

通过本章节的学习，实现下述教学目标：

1. 掌握传输线方程的解与特征参量的求法，了解传输线方程在微波工程应用中的重要性。
2. 掌握 Smith 圆图及利用圆图求解传输线的特征参量，熟练应用圆图求解微波工程的实际问题。
3. 掌握阻抗匹配的各种方法，并可在微波电路设计中加以应用。

四、案例思政目标

通过本案例的学习，达到以下目标：

1. 学生充分了解国家的相关科技兴国的政策，全面理解科学技术是第一生产力的思想，树立勇于科技创新的理想信心。
2. 培养学生成为有理想、有本领、有担当的青年一代，能够扣好人生第一粒扣子，牢固树立为中国特色社会主义共同理想奋斗的信念和信心。

五、案例设计及实施过程

在讲完"传输线方程及其解"这一节以后，为了强调传输线方程在处理微波工程应用中的重要性，单独拿出 5~10 分钟的时间，为学生讲述中国第一颗人造卫星"东方红一号"，同时培养学生的爱国热情，树立民族自豪感。

东方红一号卫星（代号：DFH-1，见图 1-17）是 20 世纪 70 年代初中国发射的第一颗

第一章　中国元素

人造地球卫星。卫星于1970年4月24日在酒泉卫星发射中心成功发射,在轨不间断地播送《东方红》乐曲。东方红一号卫星工作28天(设计寿命20天),于5月14日停止发射信号。东方红一号卫星至今在轨已有51年。

图1-17　东方红一号卫星

(资料来源:https://view.inews.qq.com/a/20211021A0EE5Y00?refer=wx_hot)

东方红一号卫星的成功发射,开创了中国航天史的新纪元,使中国成为继苏、美、法、日之后世界上第五个独立研制并发射人造地球卫星的国家。

中国空间站(天宫空间站,英文名称:China Space Station,见图1-18)一般指的是中华人民共和国计划中的一个空间站系统。中国空间站包括核心舱、实验舱梦天、实验舱问天、载人飞船(即已经命名的"神舟"号飞船)和货运飞船(天舟一号飞船)五个模块。各飞行器既是独立的飞行器,具备独立的飞行能力,又可以与核心舱组合成多种形态的空间组合体,在核心舱统一调度下协同工作,完成空间站承担的各项任务。

图1-18　中国空间站

(资料来源:https://view.inews.qq.com/a/20220509A03USG00)

通过上述内容的学习,使学生充分了解国家相关的重大工程,培养学生的民族自豪感、使命感,同时树立学生对新时代中国特色社会主义的道路自信、理论自信、制度自信和文化自信,确保学生能够沿着新时代健康方向发展。

案例二十二：人与自然和谐共生，掌握阻抗匹配方法

一、案例信息

所属课程：微波工程
章节名称：阻抗匹配
授课教师：郑奎松（副教授）

二、课程介绍

"微波工程"课程是电子信息工程与通信工程专业的学生目前以及今后不可缺少的一门专业课。学习本课程要求学生具备必要的数学和电磁学基础知识。本门课程重点讲授"路"的分析方法——传输线理论，将其用于分析微波无源元件及微波网络的工作原理的讲授当中。

三、案例教学目标

通过阻抗匹配的学习，实现下述教学目标：

1. 掌握传输线方程的解与特征参量的求法，了解传输线方程在微波工程应用中的重要性。
2. 掌握 Smith 圆图及利用圆图求解传输线的特征参量，熟练应用圆图求解微波工程的实际问题。
3. 掌握阻抗匹配的各种方法，并可在微波电路设计中加以应用。

四、案例思政目标

通过本案例的学习，实现下述教学目标：

1. 推动形成绿色的发展方式和生活方式，让中华大地天更蓝、山更绿、水更清、环境更优美，为创造良好的生产生活环境而努力。
2. 深刻理解习近平总书记的绿色发展理念，了解人因自然而生，人与自然是一种共生的关系，对自然的伤害最终会伤及人类自身。

五、案例设计及实施过程

在讲完"阻抗匹配"这一节之后，为了更好地理解负载和传输线之间的阻抗匹配关系，单独拿出 5～10 分钟的时间，为学生讲述习近平总书记的绿色发展理念。通过了解人与自然的和谐共生，培养学生形成绿色的发展方式和生活方式。

党的十八大以来，习近平总书记多次谈到"生态文明"，如图 1-19 所示。

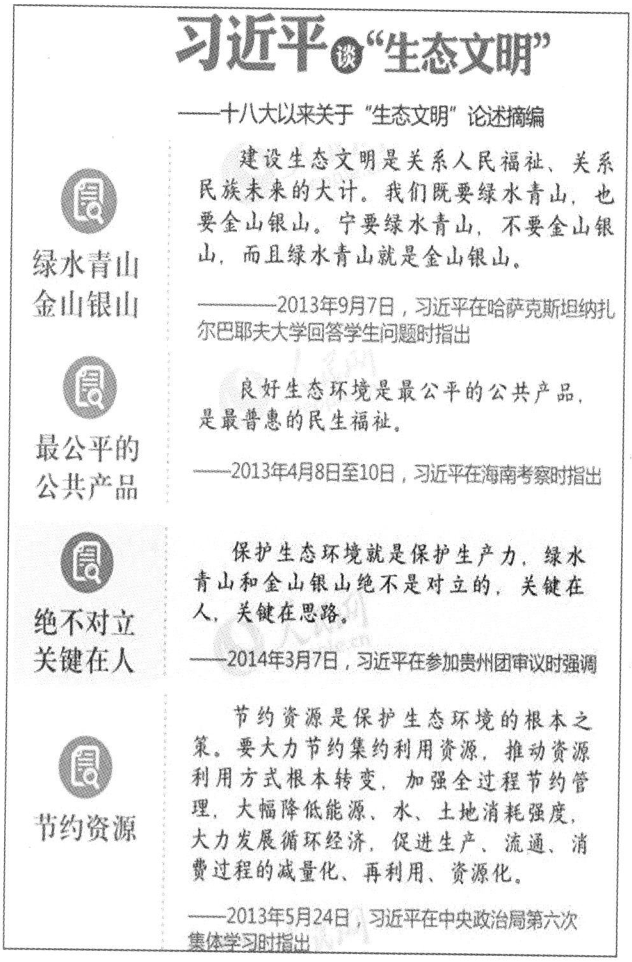

第一章 中国元素

图 1-19 习近平总书记谈生态文明

(资料来源:http://cpc.people.com.cn/n/2014/0826/c164113-25542941.html)

"稻花香里说丰年,听取蛙声一片。"寥寥几句诗,一片人与自然和谐共生的景象浮现在脑海。生态兴则文明兴,生态衰则文明衰。生态环境保护是功在当代、利在千秋的事业。恩格斯在《自然辩证法》一书中写道:"美索不达米亚、希腊、小亚细亚以及其他各地的居民,为了得到耕地,毁灭了森林,但是他们做梦也想不到,这些地方今天竟因此而成为不毛之地。"中华文明也积淀了丰富的生态智慧。"天人合一""道法自然"的哲学思想,"劝君莫打三春鸟,儿在巢中望母归"的经典诗句,"一粥一饭,当思来之不易;半丝半缕,恒念物力维艰"的治家格言,都蕴含着质朴睿智的自然观,至今仍给人以深刻警示和启迪。中华传统文明,为当代中国开启了尊重自然、面向未来的智慧之门。

人与自然好比负载与传输线。人与自然和谐共生,负载与传输线完全阻抗匹配无信号损失。因此,通过上述内容的学习,学生充分掌握了阻抗匹配的概念及其重要性。同时,学生也树立了尊重自然、顺应自然、保护自然的理念,建立了社会主义生态文明建设的意识,为实现中华民族伟大复兴中国梦而奋斗。

案例二十三:Python 模块化设计概念

一、案例信息

所属课程:Python 程序设计
章节名称:模块化设计
授课教师:张顺(副教授)

二、课程介绍

本课程对 Python 编程语言的基础语法、序列操作、程序结构、字典与集合、函数与模块、面向对象设计、继承与多态等内容进行介绍,并结合实际编程案例进行讲解;学习者通过使用多种数据库解决图像界面设计、文本与图像数据处理、科学计算可视化等常见问题,掌握程序设计的基本方法,培养计算思维,提高软件编程能力。

三、案例教学目标

1. 知识目标:
(1)掌握模块化设计概念;
(2)了解函数、库、模块、包、类等概念。
2. 能力目标:通过对 Python 模块化设计等相关内容的介绍,掌握 Python 程序的模块化设计原则,提高学生的专业技能和团队协作能力。

四、案例思政目标

1. 提高综合职业素养,树立社会主义职业精神,培育学生的软件工匠精神。
2. 家国情怀:介绍中国共产党基层党组织的结构和抗疫堡垒作用,引导学生感知中国共产党的伟大,热爱祖国,努力学习,奉献祖国。
3. 培养学生的团队合作、科学管理、民主管理能力:引导学生学会科学和民主管理能力,团队组员合理分工、共同协作,共同铸就职业命运共同体。

五、案例设计及实施过程

本案例在实际教学中,是在介绍完 Python 模块化设计专业知识教学的间隙,单独开辟出 5~10 分钟的时间,为大家讲述提高职业素养、培养家国情怀,以及培养学生的团队合作、科学管理、民主管理能力的重要性。

本案例分为两个阶段:
1. 通过党组织在疫情防控中发挥的坚强的战斗堡垒作用,以及《三国演义》中司马懿评诸葛亮等案例引出。

案例一:依靠坚强有力的组织体系,充分发挥党组织战斗堡垒作用和党员先锋模范作用,是我们党在应对一次次重大风险挑战中的制胜武器之一。面对突如其来的疫情,必须凝聚各级党组织和所有党员同志形成的强大力量,在思想和行动上服从党中央的统一决策部署,构建上下贯通、执行有力的组织体系,充分发挥中国特色社会主义制度优势,打赢这场疫情防控阻击战。

案例二:诸葛亮屯兵五丈原,多次出兵搦战,司马懿都避而不战。诸葛亮想出一个办法,让使者送了一套妇人的衣服给司马懿。谁知司马懿不为所动,闭口不谈军旅之事,却问及诸葛亮的饮食、睡眠等琐事。使者答道:"诸葛公早起晚睡,凡是二十杖以上的责罚,都亲自披阅;所吃的饭食不到几升。"司马懿告诉人说:"诸葛孔明进食少而事务烦,他还能活多久呢!"

2.通过以上思政学习,引导学生提高综合职业素养,培养学生的软件工匠精神,树立社会主义职业精神。由中国共产党基层党组织在抗疫斗争中的英勇壮举,引导学生感知中国共产党的伟大,更加激发了学生热爱祖国、奉献祖国的情感;同时培养学生的团队合作、科学管理、民主管理能力。

案例二十四:从无人机世界的"神雕侠侣",看"西工大现象"

一、案例信息

所属课程:电子对抗原理
章节名称:电子攻击
授课教师:陈军(副教授)

二、课程介绍

电子对抗原理是电子信息类专业的选修课程,主要介绍电子对抗的概念、技术发展现状和趋势,以及电子侦察、电子攻击和电子防护的基本原理。课程重在培养和提高学生对电子对抗技术领域的兴趣和认识,掌握电子对抗原理的理论分析方法和电子对抗模型的设计方法。

三、案例教学目标

通过"电子攻击"的学习,实现下述教学目标:
1.掌握雷达电子攻击的基本概念;
2.掌握干扰方程及有效干扰空间;
3.掌握有源干扰和无源干扰原理;
4.掌握对雷达的杀伤性压制原理;
5.了解飞机雷达隐身的基本方法。

四、案例思政目标

培养学生对党的领导、改革开放、科学发展理念的理解,拓宽国际视野,培养国家忧患意识,满怀爱国热情,勇担民族复兴使命,发扬时代精神。

坚持为党育人、为国育才,落实立德树人根本任务,把人才培养目标确定为"培养具有家国情怀、追求卓越、引领未来的领军人才"。

五、案例设计及实施过程

在讲解第3章"电子攻击"第5节"对雷达的杀伤性压制"关于反辐射无人机的内容时,增加10分钟的时间,专门介绍无人机研究领域的"神雕侠侣"——祝小平和周洲教授(见图1-20)献身国防科技的崇高追求,以及在设计和研发我国第一款反辐射无人机过程中的先进感人事迹。

图1-20　祝小平和周洲因反辐射无人机项目获国家科技进步一等奖

(资料来源:https://mp.weixin.qq.com/s?src=11&timestamp=1668693004&ver=4172&signature=ov6I NIqWCPP*SLO044NA3PPDpUaGwBPqwbthV9O5MT2gZKO8r7YNaAIkqJG5Gw8CLvn1VwAqL Kc6qdF7JdoKRbqW2UDYDVNeKWTEvse37qWhsECCgu*tzou5rEYhZiKW&new=1)

周洲教授曾激动地回忆反辐射无人机试飞时的情景:"看到反辐射无人机以漂亮的姿势滑向天边,看到它打出了优异的成绩,我觉得一下子就回到了30多岁,想起当年我们俩和大家所做的一点一滴。"周洲说,那时候她突然有一种很大的成就感,觉得这一辈子终于做了一件正经事儿。

祝小平对妻子的这种感觉深深赞同。一次,他的入门恩师、中国工程院院士陈士橹问:"让你干这个,不后悔吧?"他笑着回答老师:"当然不后悔,哪里能有这么大的事业,哪里能留得住我的航天情。当初留在航空航天事业,让反辐射无人机成为国家的一代装备,在国防上有所贡献,这是我一生很自豪的事。"

通过本案例的思政学习,向学生生动诠释"西工大现象"——愿意去、留得住、干得好的精神内涵,激励学生积极投身国防科技主战场,形成将个人发展与国家百年民族复兴征程融为一体的价值观。

案例二十五:中国雷达发展的艰辛历程

一、案例信息

所属课程:雷达原理
章节名称:绪论
授课教师:李滔(副教授)

二、课程介绍

本课程根据现代雷达系统结构,从分机工作原理及主要指标入手,讲授雷达发射机、接收机、显示器、测距、测角和测速基本原理等内容,并结合新中国防空作战史开展讲解;学生将掌握雷达性能计算与分析方法,并通过理论分析与计算机仿真较为深入地了解相控阵和动目标检测等技术。作为理论与工程实践紧密联系的综合性课程,其知识结构涉及高数、概率论、模拟与数字电路、信号与系统学等多学科。课程面向电子信息类专业学生开设。

三、案例教学目标

通过课程内容学习,实现如下教学目的:

1.通过绪论部分教学,从雷达应用范围与技术特点出发,介绍雷达的基本功能,以及不同雷达体制的性能比较;
2.按照雷达技术发展的不同历史阶段,介绍典型雷达工作体制;
3.以055D型驱逐舰搭载的源相控阵雷达为例,介绍雷达技术发展趋势以及新的技术挑战。

四、案例思政目标

1.讲述新中国雷达技术发展历程以及标志性成果;
2.介绍老一辈雷达技术开拓者的光辉事迹;
3.结合不同历史阶段我国雷达技术发展,对雷达技术发展趋势与动向进行综合讲解,鼓励学生积极思考、提出问题,以带动后续知识内容的学习和理解。

五、案例设计及实施过程

第二次世界大战时期雷达的主要任务是发现目标并测量目标距离等参数,由于认识到雷达在战争中所起的巨大作用,各国纷纷投入巨额资金用于研发。雷达技术得到了迅猛发展,并且在战后多次局部战争中发挥了至关重要的作用。

通过介绍新中国成立以来我国雷达技术发展的艰辛历程和新时代取得的突出成就,增强学生的使命感。

(一)修配阶段(1949—1953 年)

这一阶段以开创基业和修配美日旧雷达为主要标志。1949 年 5 月,我军接管国民党的雷达研究所(见图 1-21),标志着我国雷达工业的发展从此揭开了序幕。

图 1-21 特种电讯器材修理所(小红楼)

(资料来源:https://m.sohu.com/a/276552313_695278/? pvid=000115_3w_a)

(二)仿制阶段(1953 年底—60 年代初)

这一阶段以建立雷达生产基地和仿制苏式雷达产品为主要标志。新中国诞生后,苏联援助的 100 多个项目中雷达占 7 项,新建了雷达、指挥仪生产厂,后又与苏联签订了有关协定,开始仿制苏式雷达产品。仿制出了警戒雷达、炮瞄雷达、舰用雷达、机载雷达、指标仪、制导雷达和末制导雷达等,如图 1-22~图 1-24 所示。

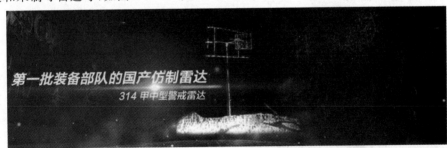

图 1-22 314 甲中型警戒雷达

(资料来源:https://m.sohu.com/a/276552313_695278/? pvid=000115_3w_a)

图 1-23 843 雷达

(资料来源:https://m.sohu.com/a/276552313_695278/? pvid=000115_3w_a)

图1-24 COH-9A雷达

(资料来源：https://m.sohu.com/a/276552313_695278/? pvid=000115_3w_a)

(三)自主研制阶段(20世纪60年代初—70年代中期)

1960年苏联单方面撕毁合同,撤走全部专家,对我国雷达工业影响较大,形势迫使我国更加坚定地走自力更生这条路。1960年提出了"两弹为主,导弹第一,努力发展电子技术"的方针,为雷达工业明确了主攻方向,为陆、海、空军常规武器装备现代化配套进行了各种雷达的研究、试制和生产,如图1-25～图1-27所示。

图1-25 红旗-2击落U-2

(资料来源：https://m.sohu.com/a/276552313_695278/? pvid=000115_3w_a)

图1-26 440雷达

(资料来源：https://m.sohu.com/a/276552313_695278/? pvid=000115_3w_a)

图 1-27 204 雷达

(资料来源:https://m.sohu.com/a/276552313_695278/? pvid=000115_3w_a)

(四)跟踪追赶阶段(20世纪70年代中期以后)

这一阶段以雷达新技术不断被突破、品种增多、"军民结合"和产品进入国际市场为主要标志。这一阶段研制的雷达的共同特点是在技术上实现了高起步,雷达本身融合了单脉冲跟踪体制技术、脉冲压缩体制技术、多普勒体制技术、相控阵体制技术和成像体制技术等,实现了雷达设计集成化、数字化、自动化、固态化,如图1-28~图1-30所示。雷达具备了作用距离远、抗干扰性能好、分辨率高、高可靠的性能。

图 1-28 383 雷达

(资料来源:https://m.sohu.com/a/276552313_695278/? pvid=000115_3w_a)

图 1-29 384 雷达

(资料来源:https://m.sohu.com/a/276552313_695278/? pvid=000115_3w_a)

图 1-30 7010 雷达

(资料来源:https://m.sohu.com/a/276552313_695278/? pvid=000115_3w_a)

(五)比肩超越阶段(21世纪)

这一阶段的目标是缩小与世界雷达技术的差距,如图 1-31～图 1-33 所示。1991 年的海湾战争既反映了雷达在情报侦察、指挥控制、作战管理效能评估等方面起到的不可替代的作用,同时也反映了雷达受到隐身技术、反辐射导弹、电子干扰、低空飞行器等方面的威胁。

未来战争将是一场多层次、全方位、大纵深、主体覆盖集陆、海、空、天、电于一体的高技术对抗,因此对雷达就提出更新的要求。

图 1-31 305 雷达

(资料来源:https://m.sohu.com/a/276552313_695278/? pvid=000115_3w_a)

图 1-32 舰载多功能相控阵雷达

(资料来源:https://m.sohu.com/a/276552313_695278/? pvid=000115_3w_a)

图 1-33 空警-2000

(资料来源:https://m.sohu.com/a/276552313_695278/? pvid=000115_3w_a)

我国雷达技术从落后到先进,历经 60 余年的发展,经过众多"雷达人"(见图 1-34)的努力,当前中国雷达技术已经与世界先进水平接轨,并在局部领域处于领先地位。

图 1-34 中国"雷达人"

(资料来源:https://m.sohu.com/a/276552313_695278/? pvid=000115_3w_a)

案例二十六:雷达发射机与抗电子侦察技术

一、案例信息

所属课程:雷达原理
章节名称:雷达发射体制
授课教师:李滔(副教授)

二、课程介绍

本课程根据现代雷达系统结构,从分机工作原理及主要指标入手,讲授雷达发射机、接收机、显示器、测距、测角和测速基本原理等内容,并结合新中国防空作战史开展讲解;学生将掌握雷达性能计算与分析方法,并通过理论分析与计算机仿真较为深入地了解相控阵和动目标检测等技术。作为理论与工程实践联系紧密的综合性课程,其知识结构涉及高数、概率论、模拟与数字电路、信号与系统学等多学科。课程面向电子信息类专业学生开设。

三、案例教学目标

通过课程内容学习,实现如下教学目的:

1. 学习雷达发射机技术中单级振荡式发射机与主振放大式两种工作体制;
2. 讨论基于磁控管的发射机实现方式以及雷达采用相参脉冲的技术要求;
3. 从雷达方程出发,讨论并比较雷达探测性能以及电子对抗设备的侦收距离等参数。

四、案例思政目标

1. 了解雷达主动探测模式的优势以及在电子对抗环境下面临的技术挑战;
2. 讲述在对抗美制 U-2 高空侦察机所装备的 12 号系统的斗争中,我国雷达技术工作者所采取的技术措施,并讨论雷达抗侦察技术手段;
3. 结合战例进行讲解,提升学生的专业兴趣,并增强自身使命感。

五、案例设计与实施过程

继两架美制 U-2 被我军击落以后,美国中情局督促其生产商洛克希德·马丁公司对飞机进行安全升级。美国派专家飞往台湾,收集萨姆-2 导弹制导系统工作频率情报,并于 1962 年底研制出电子预警装置第 12 号系统(简称"12 号系统")。"12 号系统"可向飞行员及时发出地空导弹威胁报警信号,为飞行员规避风险争取时间。

此后,只要我军导弹制导雷达天线一开启,美国加装了"12 号系统"的 U-2C(见图 1-35)掉头就跑。1963 年 3 月 28 日,一架美制 U-2C 窜入酒泉基地,但没有进入我军导弹杀伤范围。同年 6 月 3 日,再次窜入,仍未进入杀伤范围。连续七次都没有进入阵地上空,全都安然逃脱了。

图 1-35 U-2C

(资料来源:https://mq.mbd.baidu.com/r/Q5PxRKqCOs? f=cp&u=9d5f0c66fc6061b2)

我军在击落第一架 U-2C 时,曾从敌机残骸中缴获了两套美制电子侦察系统,科技人员在对这种设备进行分析后,认为敌机加装了某种无线电测向装置。这种装置可探测到萨姆-2地空导弹制导雷达的电磁波频率,为 U-2C 提供 18 秒的反应时间,U-2C 利用这段时间可迅速做出规避动作,逃脱打击。

因此,我军要击落 U-2C,必须抢在这 18 秒之内完成导弹发射,在 U-2C 来不及闪避时击落它。但依照苏军操作条令,发射萨姆-2 导弹的射控动作需要大约 8 分钟才能完成。

为此,我军迅速改变策略,双管齐下。一方面将导弹警戒雷达换成高炮部队的松-9 雷达,这种雷达的波长与萨姆-2 导弹的制导雷达不同,而 U-2C 安装的电子预警系统只针对萨姆-2 制导雷达的波长,对松-9 不起作用。另一方面针对萨姆-2 作战准备时间长、操作过程复杂、反应速度慢、抗干扰性能差等一系列问题,有针对性地进行了艰苦探索和训练,最终将发射动作完成时间缩短到 20 秒内。随后,4 个地空导弹营长途转战到江西、浙江交界处,以 40 km 作战半径的间距,在衢州、江山、上饶、弋阳一线摆下铜墙铁壁。

1962 年 11 月 1 日,"黑猫中队"叶常棣少校驾驶美制 U-2C 再飞西北,返航途中被二营的松-9 雷达盯住,但叶常棣未察觉。飞至江西鹰潭附近进入了地空导弹二营打击范围,飞至距离埋伏圈只有 35 km 的时候,二营营长岳振华立即下达命令,迅速打开萨姆-2 导弹制导雷达,在 8 秒内三弹齐发,此时 U-2C 预警系统虽已发现导弹来袭,但已经没有时间规避,导弹击中 U-2C,叶常棣跳伞被俘。

1964 年 5 月,地空导弹二营再次扮成"地质水文勘探钻井队"角色,由内蒙古南下福建,隐蔽待机。

7 月 7 日,"黑猫中队"两架 U-2C 由国民党空军的王牌飞行员李南屏中校带队,一北一南进入大陆上空。其中李南屏由中越边境折向香港,沿广东、福建海岸线拍摄解放军布防情报。

我地空导弹二营使用的"反电子预警一号"发挥了作用。当李南屏飞临福建漳州上空时,机上"12 号系统"突然发出"地对空导弹已发射"的信号。紧接着,台湾在收到李南屏的最后呼叫"12 号装置高频灯亮起"后,他的 U-2C 飞机便从雷达屏幕上消失了。

李南屏座椅的弹射装置失灵,他未能跳伞逃生。这是被我军击落的第 3 架 U-2C 高空侦察机(见图 1-36)。

图 1-36 被我军击落的 U-2C 残骸

(资料来源:https://mo.mbd.baidu.com/r/Q5PMWAkk7u?f=cp&u=5588bf423af38fa2)

案例二十七：雷达运动目标探测技术与神灯歼敌

一、案例信息

所属课程：雷达原理
章节名称：动目标显示雷达的工作原理与组成
授课教师：李滔（副教授）

二、课程介绍

本课程根据现代雷达系统结构，从分机工作原理及主要指标入手，讲授雷达发射机、接收机、显示器、测距、测角和测速基本原理等内容，并结合新中国防空作战史开展讲解；学生将掌握雷达性能计算与分析方法，并通过理论分析与计算机仿真较为深入地了解相控阵和动目标检测等技术。作为理论与工程实践紧密联系的综合性课程，其知识结构涉及高数、概率论、模拟与数字电路、信号与系统学等多学科。课程面向电子信息类专业学生开设。

三、案例教学目标

通过课程内容学习，实现如下教学目的：

1. 讨论地杂波环境下雷达目标检测的技术挑战；
2. 提出问题：简单脉冲雷达是否能够用来探测低空飞行目标？分析雷达采用相参工作体制的必要性；
3. 结合对超低空夜间入侵的 P2V 侦察机探测与拦截过程中出现的问题与我空军采用神灯战法歼敌的真实战例，讲解雷达运动目标检测技术。

四、案例思政目标

1. 介绍我防空兵在击落 P2V 侦察机中采取的各种技术手段；
2. 通过经典战例的介绍，使学生了解多普勒效应在杂波环境中用于低空目标探测的必要性。

五、案例设计及实施过程

夜间低空侦察与反侦察

自新中国成立以来，大陆与台湾之间的夜间侦察与反侦察一直持续着。1958 年 4 月 17 日，国民党空军便使用美制 P2V 电子侦察机（见图 1-37）执行对大陆的夜间侦察活动，并深入南昌、武汉、郑州以及石家庄、北京，甚至深入沈阳、长春、哈尔滨一带活动。P2V 是为美国海军海上巡逻设计制造的，装备有螺旋桨和喷气两种发动机，以及世界上最先进的多种电子侦察装置，如地形跟踪雷达、电子干扰设备等。截至 1961 年 10 月，P2V 进入大陆达 84 架次，平均每月两次，我人民空军先后出动 400 多架次飞机截击，都未有战果。

图 1-37 P2V 电子侦察机

(资料来源:https://mr.mbd.baidu.com/r/Q5QwrejRdu? f=cp&u=94743943b9b03acc)

1961年11月6日18点18分,一架P2V飞机在黄海上空,距辽东半岛200多千米时,被我空军雷达发现,驻庄河县城子瞳高射炮兵群按照指令迅速做好战斗准备,在距阵地40 km时,指示雷达突然开机,捕捉目标,探照灯兵大胆将敌机放进至5 km时,突然开灯,4 km即照中目标,使该机进入我高炮火力范围,高炮群集中火力,一举将其击落。从探照灯照中目标到飞机坠地,只用了30秒,充分显示了我军"快速近战"战术的威力。

1964年6月11日夜,我军实施"神灯"战术——空投照明弹,即由轰炸机投放照明弹指引战斗机对P2V进行攻击。11日23时29分,中国空军操纵雷达在方位355°、距离90 km处捕获P2V目标,并准确报出3架飞机的方位坐标数据,引导中国双机第二次接敌抢占最佳照明攻击位置。23时36分,P2V飞机马上就要飞出雷达探测范围,这时轰-5照明机在敌机前方2 100 m、高度1 900 m,米格-15攻击机位于敌右后方20°、距离1 600 m,高于敌机220 m处。轰炸机上的人员按动电钮,投下12枚90 kg照明弹。23时36分09秒,正好把敌机P2V罩于光区中心附近。国民党空军驾驶员反应相当敏捷,迅速做出50°下滑转弯机动,想以蛇形飞行和超低空躲避歼击机的攻击。米格-15战斗机飞行员陈根法在照明弹亮后2秒钟发现敌机,在23时36分11秒进入攻击。从高度870 m、距离700 m处开始第一次进攻,首次开炮,击中P2V-7飞机左翼。随后连续进行第二、第三次攻击,从距离500 m打到200 m,P2V-7飞机冒出一团火光,坠毁于山东省栖霞县西留庄附近。

案例二十八:圆锥扫描体制与国产860雷达技术创新

一、案例信息

所属课程:雷达原理
章节名称:自动测角原理与方法
授课教师:李滔(副教授)

二、课程介绍

本课程根据现代雷达系统结构,从分机工作原理及主要指标入手,讲授雷达发射机、接收机、显示器、测距、测角和测速基本原理等内容,并结合新中国防空作战史开展讲解;学生将掌握雷达性能计算与分析方法,并通过理论分析与计算机仿真较为深入地了解相控阵和动目标检测等技术。作为理论与工程实践紧密联系的综合性课程,其知识结构涉及高数、概率论、模拟与数字电路、信号与系统学等多学科。课程面向电子信息类专业学生开设。

三、案例教学目标

通过课程内容学习,实现如下教学目的:

1. 在了解雷达基于相位与幅度两种测角体制的基础上,分析圆锥扫描自动测角的技术特点,并通过理论推导获得对圆锥扫描测角方法的初步认识;

2. 通过在圆锥扫描测角流程中加入误差项,与单脉冲测角体制进行性能对比,并提出思考问题;

3. 讨论目标 RCS 起伏特性对雷达测角带来的影响,通过与前面章节知识内容的结合,促进学生从系统层面形成雷达知识结构。

四、案例思政目标

1. 结合 786 厂雷达技术发展历程,介绍我国雷达技术工作者勇于探索、善于创新的科学精神;

2. 以抗美援越军事斗争中,对抗美军电子侦察设备与反辐射导弹威胁,对雷达设备提出的技术挑战为实例,讨论雷达抗侦察、抗干扰技术的实现方式。

五、案例设计及实施过程

诞生在 786 厂的雷达是 20 世纪 50 年代初,由苏联研制的具有世界先进水平的自动跟踪炮瞄雷达,具有机械跳频抗干扰能力。试制成功后,迅速投入批量生产,并列装部队,极大地提高了部队的装备水平。

为了提高炮瞄雷达的抗干扰能力,受 X 波段机载雷达的启发,一些技术人员提出研制双波段炮瞄雷达的设想。从 1960 年开始,在苏联撤走专家的严峻形势下,786 厂开始研制双波段体制的 860 雷达。在苏式松-9 雷达基础上,786 厂设计所进行改进,增加了频段等抗干扰措施,从根本上解决了当时炮瞄雷达抗干扰问题。经过艰苦努力,到 1964 年,具有当时世界先进水平的大 860 型雷达(见图 1-38),国家编号 302 炮瞄雷达,诞生在 786 厂。

786 厂生产的雷达也经受了严峻的实战考验。在援越作战初期,我方的炮瞄雷达损失比较大。当时越南防空体系主要依靠雷达高炮和指挥仪,炮瞄雷达以 786 厂的"一号产品"为主。由于美军当时已经装备针对"一号产品"等雷达的"百舌鸟"反雷达导弹,迫使越军在 20 km 以外时,白天、晴天都不敢开机,只能够靠光学指挥仪瞄准射击。而参加援越作战的苏联高炮部队为避免遭到反雷达导弹的打击也尽量不开机。一些在越南战场被美军子母弹、"百舌鸟"导弹击毁的雷达也被秘密运回 786 厂,分析原因以找出解决办法。

为保证前线作战需要，860雷达也在1966年提前完成试制、试验，并立即送往越南战场。经实战检验证明，其设计合理，实战效果很好，受到参战指战员的称赞。随即，在没有设计定型的情况下，破例投入批量生产并迅速装备部队。

图1-38　860雷达

（资料来源：https://m.sohu.com/a/276552313_695278/?pvid=000115_3w_a）

在防空部队指战员、技术人员、雷达检修人员的共同努力下，认真分析雷达损失原因，找出对付美国"百舌鸟"反雷达导弹的办法。终于，总结出一系列凝结着许多人的鲜血和智慧结晶的有效战法，使美国的"百舌鸟"的命中率大幅度下降，变成了"百死鸟"。

在战火中，860雷达的性能也在不断改进提高，后来，一部860雷达可以同时引导指挥控制八门高射炮，而且成为当时在越南战场上唯一能够全天候开机的国产雷达。据统计，援越作战期间，仅在860雷达的指挥引导下，我军高炮部队就击落了600多架美军战机。

1975年，860雷达研制团队荣获国家科技进步奖。到1978年，我军配备的炮瞄雷达均为786厂研制生产。到20世纪80年代，786厂总计生产了1 500多部860雷达，该雷达也成为全世界生产装备数量最多的炮瞄雷达之一。

根据上级部门指示，20世纪70年代，786厂向朝鲜援助了全套860雷达的生产技术，培训朝鲜方面的有关人员。

860雷达不仅开创了我国自行研制精密雷达的先河，而且为我国其他型号的炮瞄雷达的研制生产，以及形成系列产品的小860、860甲、860乙、311甲、311乙等雷达起到了开创性的作用，成为我军防空部队在20世纪90年代中期以前最主要的炮瞄雷达之一。

课程开展中，首先对雷达不同测角机制进行分析，结合目标RCS变化规律，对圆锥扫描测角体制的性能进行分析，并且以在抗美援越电子对抗环境下，敌方采用倒相干扰以及反辐射导弹对雷达设备造成的各种威胁出发，对雷达发射机与测角机制的抗干扰与抗摧毁性能提出问题，针对每个问题，鼓励学生积极思考并提出解决方案。

通过理论推导，形成对雷达圆锥测角接收机动态范围及评价标准的直观认识。紧扣雷达原理课程与工程应用紧密结合的特点，将特定应用场景中雷达系统的工作特点分析透彻。

案例二十九：雷达接收机 AGC 技术与抗 U-2 侦察机距离拖引

一、案例信息

所属课程：雷达原理
章节名称：接收动态范围与增益控制
授课教师：李滔（副教授）

二、课程介绍

本课程根据现代雷达系统结构，从分机工作原理及主要指标入手，讲授雷达发射机、接收机、显示器、测距、测角和测速基本原理等内容，并结合新中国防空作战史进行讲解；学生将掌握雷达性能计算与分析方法，并通过理论分析与计算机仿真较为深入地了解相控阵和动目标检测等技术。作为理论与工程实践紧密联系的综合性课程，其知识结构涉及高数、概率论、模拟与数字电路、信号与系统学等多学科。课程面向电子信息类专业学生开设。

三、案例教学目标

通过课程内容学习，实现如下教学目的：

1. 了解雷达接收机面临的信号环境，以及相应的接收机增益控制策略与实现方法；

2. 通过对雷达接收机 AGC 技术讲解，讨论并分析基于接收机 AGC 的距离拖引对抗技术；

3. 以我军对抗 U-2 高空侦察机战例中雷达电子战的真实战例，讲述雷达抗干扰技术的重要性。

四、案例思政目标

1. 使学生深刻了解老一辈雷达技术工作者在保卫祖国领空的防空作战斗争中，勇于创新的开拓进取精神；

2. 以对抗 U-2 高空侦察机装备的 13 号系统作为生动例子，提升学生的自豪感，并增强自身使命感；

3. 结合课堂思政，加深学生对雷达技术的兴趣，并通过雷达与电子对抗技术的综合讲解，形成更加宽广的知识结构。

五、案例设计及实施过程

1. 介绍雷达接收机的工作环境，结合目标 RCS 变化规律、雷达方程，以及电子对抗环境下敌方采用宽脉冲干扰方式给雷达接收机带来的困难，针对实际问题，鼓励学生积极思考、提出解决方案并开展讨论。

2.接收机动态范围与性能指标。分析机载雷达与地面雷达对接收机的差异化要求。通过杂波强度理论推导,形成对雷达接收机动态范围及评价标准的直观认识。

3.雷达接收机中典型自动增益策略分析及理论推导。从抗近地杂波、抗宽脉冲干扰、抗目标 RCS 起伏变化等方面入手,分析雷达接收机中具有针对性的自动增益控制策略及实现手段。紧扣雷达原理课程与工程应用紧密结合的特点,将不同应用场景中雷达系统的工作特点说细讲透,使学生在理论知识学习中做到知其然亦知其所以然。

4.在讲解雷达接收机增益控制手段的基础上,通过击落美制 U-2 高空侦察机中的雷达电子战案例分析,以潜移默化的方式引入课堂思政内容,既在技术层面上分析电子对抗手段对于雷达接收机系统的欺骗策略,又通过对新中国雷达科技工作者在对抗美制电子侦察与干扰系统的斗争中所表现出的勇于探索、大胆创新的科学素养与献身国防事业精神的大力弘扬,形成价值塑造,促进学生自身使命感的养成。

案例三十:微波网络的散射矩阵

一、案例信息

所属课程:微波技术与天线
章节名称:微波网络
授课教师:朱海亮(副教授)

二、课程介绍

"微波技术与天线"是电子信息学院 2、4、5 专业的一门专业核心课程,主要包括传输线理论、微波规则传输系统、微波谐振腔、微波网络基础、微波无源器件以及天线基本知识等,是移动通信、雷达、卫星通信等应用的重要基础。在"微波技术与天线"的课程建设过程中,课题组注重将国家需求与课程学习相结合,坚持以爱国主义教育为核心,用我国高精尖技术在艰难的国际局势中自主创新、砥砺前行的过程激励学生,通过思政案例的教学促进学生努力学习,践行高校"立德树人"的育人理念。

三、案例教学目标

1.知识目标:
(1)了解课程的研究对象、知识体系和学习方法;
(2)理解微波网络的模型;
(3)掌握散射矩阵的应用。
2.能力目标:通过对微波网络、散射矩阵、散射参量等内容的介绍,培养学生使用科学思维方法分析实际工程问题的能力。

四、案例思政目标

牢记"卡脖子"窘境,激发爱国精神:在讲解微波散射矩阵测量仪器矢量网络分析仪的工作原理的过程中,向学生介绍该仪器的进口价格和售后情况,让学生了解因为当年该仪器的国产化程度不高,各个高校是如何被卡脖子,被迫以极高的价格购置设备。同时介绍我国相关院所在努力实现该产品国产化的过程中艰苦攻关、勇于创新的过程。

五、案例设计及实施过程

本案例实施过程分为以下两个阶段。

(一)国产化不足导致"卡脖子"问题

在讲解了微波网络基本模型以及散射矩阵的概念和应用之后,提出了在工程实际中如何测量散射矩阵各个参量的问题,进一步引出我国曾经在矢量网络分析仪方面的"卡脖子"问题。矢量网络分析仪作为微波技术研究过程中的重要仪器,可对多端口网络的散射参量进行测量,该设备集成了信号源、功率放大器、射频开关、环形器、微波传输线及校准单元等大量微波元器件,需要一个完整的微波产业链来支持它的设计和生产,对一个国家在相关领域的综合实力要求很高。早年我国微波技术发展落后,许多微波元器件都无法实现国产,导致设计生产矢量网络分析仪这样的仪器成为天方夜谭,但是为了进一步推进微波技术的发展,又必须具备这样的测试仪器,因此只能高价从国外进口该设备(见图1-39)。在2000年左右的时候,当时中国民众平均月收入只有几百元,然而该仪器的售价却高达百万元,不仅售价昂贵,由于当时国内的售后体系没有完全建立起来,一旦发生故障,就要邮回到美国进行维修,维修费用和更换零部件的费用更是令人咋舌。授课教师以亲身经历向学生讲述当年在读研究生的时候,实验室的矢量网络分析仪的电缆接口出现了问题,更换一根电缆需要8 000美元,工期要1~2个月,而当时大学生的一个月生活费普遍在300元左右。

图1-39 进口矢量网络分析仪

(资料来源:https://me.mbd.baidu.com/r/Q5SCuWMz2o? f=cp&u=50bb74fb63e3e53b)

(二)介绍国内相关进展,激发爱国精神

以国内某研究所的矢量网络分析仪产品为例,向学生讲解该仪器自主研发过程中遇到

的难题以及解决的思路,并介绍目前国内可以达到的水平以及存在的瓶颈,并且在2018年暑假带队赴该研究所进行生产实习,了解该研究所在相关领域的研究进展。

通过相关院所的刻苦攻关,目前我国已经在该测试设备的生产上实现了自主化(见图1-40),在性能相同的情况下,国产化的价格可以降至进口价格的一半,同时也迫使多个进口品牌的产品下调相关价格。目前华为、中兴等公司在微波射频方面的测试设备都已经大量采用国产化设备。国产化设备已可基本满足微波频段的测试需求。

图1-40 国产化矢量网络分析仪

(资料来源:https://mq.mbd.baidu.com/r/Q5SW0Sg6as?f=cp&u=5c90ab6e478d25a8)

但仍应清醒地认识到,目前我们同欧美国家仍然有不小的差距,比如工作频率范围方面,目前国外主流技术已经可以达到数百吉赫兹,但是国产化设备无法在这么高的频率下工作,就是因为在信号源、功放等微波元器件上仍然存在技术缺陷,这些内容都会在相关专业课中学习。因此作为一名大学生,最主要的任务还是努力学习,为将来在相关领域做出成绩打下良好的基础。

学生通过该案例的思政学习,最大的感受就是增强了民族自信心,明白了只要我们肯担当,敢拼搏,勇于创新,一定可以突破发达国家对我们的技术封锁,同时在推动国家科技进步的过程中实现自身的人生价值。

案例三十一:移动通信体制之争,增强民族自豪感

一、案例信息

所属课程:MIMO-OFDM无线通信技术
章节名称:无线通信技术概述
授课教师:姚如贵(教授)、左晓亚(副教授)

二、课程介绍

本课程是面向通信工程专业开设的专业课程,主要讲授现代无线通信系统基本框架、各模块的功能和基本算法,OFDM技术发展历程、同步、信道估计、PAPR减小等关键技术,

MIMO 的信道容量、预编码、接收滤波、天线选择等关键技术。使学生了解先进数字通信系统所涉及的基础理论,掌握现代数字通信系统的构成,掌握新兴 OFDM、MIMO 技术的原理及性能分析方法,掌握利用 MATLAB 进行建模、求解的方法,进一步提高学生的理论分析和实践应用能力。

三、案例教学目标

本案例所属章节为第 1 讲"无线通信技术概述",主要讲授无线通信系统基本框架、AD/DA 变换、数字调制解调原理及性能、物理信道特性、多址接入技术、新兴的无线通信技术。要求学生掌握无线通信系统的各个模块及相应功能、数字调制及解调相关技术及其性能,熟悉 AD 变换中采样、量化和压缩方法与算法、物理信道特性和相关指标、TDMA/FDMA/CDMA 等多址接入技术;理解多用户检测、OFDM、UWB 等新兴无线通信技术。

本案例教学目标是要求学生掌握移动通信体制的发展历程及关键技术。

四、案例思政目标

讲授无线通信技术发展历程时,介绍移动通信标准制定过程中,我国由 1G、2G 很少参与,到 3G、4G、5G 的跟跑、并跑、领跑的角色转换。华为成为 5G 领先者,华为的专利数遥遥领先于其他公司,让学生充分感受到祖国科学技术的快速发展,厚植家国情怀,增强民族自豪感。

五、案例设计及实施过程

(一)思政元素类型

民族自豪感、职业理想、职业道德教育。

(二)课堂教学方法

教学手段:采用 PPT、图片、视频等多媒体形式。

课程思政融入点:讲授多址技术时,一代移动通信体制都具有对应的关键多址技术,移动通信体制制定代表着国家力量、民族实力,从而引出课程思政案例。

(三)元素内容

结合多址体制讲授无线通信技术发展历程,介绍移动通信标准制定过程中,中国的通信网络发展经历了"1G 空白、2G 跟随、3G 突破、4G 并跑、5G 引领"这一曲折艰难的历程,如图 1-41 所示。移动通信的技术标准由 1G(模拟蜂窝网/FDMA)、2G(GSM/TDMA、IS95/CMDA)、3G(CDMA2000/ WCDMA/ T-DSCDMA)、4G(LTE/OFDM)发展到如今的 5G。

无线通信的标准争夺主要体现在"标准必要专利"的份额。谁控制了"标准必要专利",谁就会在开发新一代先进产业的竞赛中拔得头筹,不仅掌握着核心技术,更会牵涉到知识产权带来的巨大经济利益。我国在 1G、2G 蜂窝网的技术标准中几乎毫无建树,从 3G 开始,我国的"标准必要专利"比例突飞猛进,从3G的7%左右,到4G的20%左右,再到5G的34%,一跃超过美国。这体现了近三十年来中国科技的巨大进步。尤其是以华为为代表的中国企业所掌握的核心技术,更是引起了美国的担心。美国采取偏激政策对华为等公司的围猎,也正是中国科技崛起的侧面印证。我国的科技发展正在经历由"跟踪"到"引领"这一质变过程。

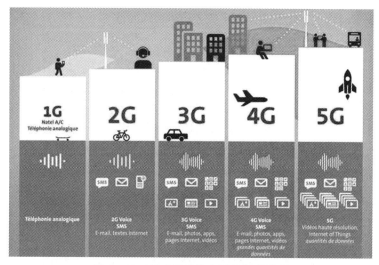

图 1-41　移动通信蜂窝网的标准演进

(资料来源:https://www.sohu.com/a/152102415_349557)

拓展内容一:信道编码技术

编码和调制是无线通信技术中最核心、最深奥的部分,被誉为通信技术的皇冠,体现着一个国家通信科学基础理论的整体实力。4G时代,中国的TD-LTE技术有了一定突破,但其中的核心长码编码Turbo码和短码咬尾卷积码,仍旧不是中国原创。2016年11月,关于5G标准制定的3GPP RAN1第87次会议在美国举行。11月17日凌晨1:00,5G短码方案讨论结果终于揭晓:中国华为公司主推的Polar Code(极化码)方案,以压倒性的投票优势,成为5G控制信道eMBB场景编码最终方案。

Polar Code取得胜利,各大国际通信设备生产商在5G通信设备中都会采用"华为的标准",中国成了真正意义上通信基础规则的"制定者"。让学生知道这一切的成功源于在科研领域刻苦钻研的幕后英雄们,是参与科学研究的幕后英雄,是他们让中国在世界舞台上有了话语权,激发学生以科研为骄傲,培养科研报国的家国情怀!

拓展内容二:5G技术助力"中国速度"

在2020年年初的"抗疫"中,5G技术发挥了重要作用,助力雷神山、火神山的快速建成,彰显"中国速度"!

在八千万"云监工"的在线督战下,从1月25日到2月2日,短短10天,总建筑面积3.39万平方米、可容纳1 000张床位的火神山就建设完工了。在这个奇迹当中,基础电信运营商全力以赴保障通信网络畅通,24小时建成火神山医院5G基站,36小时开通雷神山医院通信网络的建设同样也堪称通信技术史上的一个奇迹。

在火神山医院之前,国人可能从未如此挂念过一座医院的建设。每天,数千万网友端坐在各种屏幕前,自愿充当"云监工"。但云监工背后的意义并不只是一场直播而已,它还意味着火神山医院直接驶入了5G高速,如图1-42所示。在2020年1月25日下午,火神山医院就完成了2个新建基站、2个存量基站改造工作,提前交付使用。武汉中国移动的突击队完成了基站的调试工作,火神山医院首个5G基站正式开通。

图1-42 万众瞩目的火神山医院建造全记录

(资料来源:https://baijiahao.baidu.com/s? id=1657656629092486999&wfr=spider&for=pc)

案例三十二:团结合作,构建人类命运共同体

一、案例信息

所属课程:MIMO-OFDM无线通信技术
章节名称:天线分集与空时编码技术
授课教师:姚如贵(教授)、左晓亚(副教授)

二、课程介绍

本课程是面向通信工程专业开设的专业课程,主要讲授现代无线通信系统基本框架、各

模块的功能和基本算法、OFDM 技术发展历程、同步、信道估计、PAPR 减小等关键技术，MIMO 的信道容量、预编码、接收滤波、天线选择等关键技术。使学生了解先进数字通信系统所涉及的基础理论，掌握现代数字通信系统的构成，掌握新兴 OFDM、MIMO 技术的原理及性能分析方法，掌握利用 MATLAB 进行建模、求解的方法，进一步提高学生的理论分析和实践应用能力。

三、案例教学目标

本案例所属章节为"第 3 讲 MIMO 技术"中"第 2 章 天线分集与空时编码技术"，主要讲授天线分集、空时编码系统概述、空时分组码、空时格码。要求学生掌握 Alamouti 空时码、一般空时码及其解码算法，分析对比性能；熟悉接收和发射分集、空时编码设计原则和方法；理解空时编码系统成对差错概率推导、空时格码编解码技术。

本案例教学目标是要求学生熟悉接收分集的合并算法——选择合并（SC）、最大比合并（MRC）和等增益合并（EGC），对比分析各种合并算法的性能。

四、案例思政目标

讲授接收分集时，对比 SC、MRC 和 EGC 三种技术，分析对比检测性能。从对比分析中，学生可以发现，MRC 充分利用各个天线接收信号，并发挥最大作用，从而引出"团结就是力量""人类命运共同体"等思政教育。

五、案例设计及实施过程

（一）思政元素类型

习近平新时代中国特色社会主义思想、社会主义核心价值观。

（二）课堂教学方法

教学手段：采用 PPT、图片、视频等多媒体形式。

课程思政融入点：讲授接收分集时，分析对比 SC、MRC 和 EGC 三种算法及其性能，从而引出课程思政案例。

（三）元素内容

在讲授 MIMO 接收分集时，最大比合并（MRC）通过加权求和的方式对 N_{Rx} 个支路进行合并：

$$y_{\mathrm{MRC}} = \underbrace{[w_1^{(\mathrm{MRC})} \quad w_2^{(\mathrm{MRC})} \quad \cdots \quad w_{N_R}^{(\mathrm{MRC})}]}_{w_{(\mathrm{MRC})}^{\mathrm{T}}} y = \prod \sum_{i=1}^{N_{Rx}} w_i^{(\mathrm{MRC})} yi$$

式中：y 为接收信号，$w_{(\mathrm{MRC})}$ 为加权向量。

请学生分析并得出结论：针对最大比分集合并，对每个接收信号进行合理的加权并求和,让每一根天线发挥自己的力量,朝着共同的方向,获得性能的增益。

从而引出"团结就是力量""人类命运共同体"等大家耳熟能详的词句,强调合作的重要性。进一步给出合作的定义:"指在互动之中人与人或者群体与群体之间为了达到互动各方都有的益处的共同目标而相互配合的一种联合行动。"鼓励学生将个人的梦想融入实现中华民族伟大复兴的中国梦之中。进一步引入成功抗击新冠肺炎疫情的中国力量、中国速度、中国方案、中国效率,充分展现了中国的制度优势,坚定学生制度自信。

在2020年新冠肺炎全球暴发的背景下,强调团结合作尤其有着特殊的意义。习近平总书记针对新冠肺炎疫情多次发表讲话,并发表重要文章《团结合作是国际社会战胜疫情最有力武器》。文章强调,人类是一个命运共同体。病毒没有国界,疫情不分种族。任何国家都不能置身其外,独善其身。全人类只有共同努力,才能战而胜之。唯有团结协作、携手应对,国际社会才能战胜疫情,维护人类共同家园。中国及时采取果断有力措施,为抗击疫情付出了巨大牺牲。

在一系列国际会议上,习近平呼吁在检测手段、治疗药物以及疫苗研发、生产、互认等领域加强合作,切实形成抗疫合力,推动把疫苗作为全球公共产品的共识落到实处,弥合"免疫鸿沟"。自新冠肺炎疫情发生至2021年11月,中国已向国际社会提供了约3 500亿只口罩、超过40亿件防护服、超过60亿人份检测试剂、超过16亿剂疫苗。在2021年11月底举行的中非合作论坛第八届部长级会议开幕式上,习近平宣布再向非洲提供10亿剂疫苗。

中国人民在疫情防控中展现的中国力量、中国精神、中国效率,中国展现的负责任大国形象,得到国际社会高度赞誉。

案例三十三:至清至察,强化批判思维

一、案例信息

所属课程:MIMO-OFDM无线通信技术
章节名称:空间复用MIMO系统的信号检测
授课教师:姚如贵(教授)、左晓亚(副教授)

二、课程介绍

本课程是面向通信工程专业开设的专业课程,主要讲授现代无线通信系统基本框架、各模块的功能和基本算法,OFDM技术发展历程、同步、信道估计、PAPR减小等关键技术,MIMO的信道容量、预编码、接收滤波、天线选择等关键技术。使学生了解先进数字通信系统所涉及的基础理论,掌握现代数字通信系统的构成,掌握新兴OFDM、MIMO技术的原理及性能分析方法,掌握利用MATLAB进行建模、求解的方法,进一步提高学生的理论分析和实践应用能力。

三、案例教学目标

本案例所属章节为"第 3 讲 MIMO 技术"中"第 3 章 空间复用 MIMO 系统的信号检测",主要讲授线性信号检测、OSIC 信号检测、ML 信号检测等信号检测。进一步考虑计算复杂度和性能,讲授球形译码、QRM-MLD 法、MIMO 系统的软判决等内容。要求学生掌握 ZF 和 MMSE 线性信号检测方法,分析线性检测的性能与不足,熟悉 OSIC 信号检测、球形译码等非线性信号检测方法,理解 ML 信号检测、QRM-MLD 法以及 MIMO 系统软判决中 LLR 计算。

本案例教学目标是要求学生掌握线性信号检测方法——ZF 和 MMSE,批判性地分析 ZF 检测方法的性能。

四、案例思政目标

讲授线性信号检测时,对比 ZF 和 MMSE 两种方法,分析各自检测性能。对比分析时可以从中华传统优秀文化、马克思主义哲学、科学家精神等角度融入课程思路案例,从而使学生深刻体会到以技报国的重要性。

五、案例设计及实施过程

(一)思政元素类型

中国优秀传统文化、马克思主义矛盾论、科学家精神。

(二)课堂教学方法

教学手段:采用 PPT、图片、视频等多媒体形式。

课程思政融入点:讲授线性信号检测时,对比 ZF 和 MMSE 两种方法,分析二者信号处理后干扰以及检测性能,从而引出课程思政案例。

(三)元素内容

ZF 信号检测使用下面的加权矩阵消除干扰:

$$W_{ZF} = (H^H H)^{-1} H^H$$

采用上述矩阵,可以完全消除信号之间的干扰。然而,ZF 检测对应的最大噪声功率的期望值为

$$E\{\|\widetilde{Z}_{MMSE}\|_2^2\} = \sum_{i=1}^{N_{Tx}} \frac{\sigma_z^2}{\sigma_i^2} \approx \frac{\sigma_z^2}{\sigma_{\min}^2}$$

分析可知,ZF 检测方法存在噪声放大效应。

进而引出 MMSE 检测方法,能够最大化检测后的 SINR(信干燥比),最优化检测性能,其加权矩阵为

$$W_{MMSE} = (H^H H + \sigma_z^2 I)^{-1} H^H$$

MMSE 检测对应的最大噪声功率的期望值为

$$E\{\|\tilde{\mathbf{Z}}_{\mathrm{MMSE}}\|_2^2\} = \sum_{i=1}^{N_{Tx}} \frac{\sigma_z^2 \sigma_i^2}{(\sigma_z^2 + \sigma_i^2)^2} \approx \frac{\sigma_z^2 \sigma_{\min}^2}{(\sigma_z^2 + \sigma_{\min}^2)^2}$$

请学生从抑制信号之间干扰的角度分析：对于 ZF 信号检测，追求的是完全消除干扰，反而使得误码性能不能达到最优；对于 MMSE 信号检测，适当引入一些相互的干扰，反而使得系统的误码性能更好。

由以上结论引出中华传统文化中的"水至清则无鱼，人至察则无徒"（出自《大戴礼记·子张问入官篇》），其含义是水太清了，鱼就无法生存，要求别人太严了，就没有伙伴。现在有时用来表示对人或物不可要求太高。

进一步引导学生用马克思主义矛盾论分析问题：①矛盾论的原理——矛盾双方在一定条件下是相互转化的，水清适合鱼类生存，但是当"清"到一定程度的时候，反而不适合鱼生长了，所以向相反方向转化；②适度原则——我们做任何事情都要坚持一个度，度是事物保持其质的量的限度。对于这个"度"需要进行批判性思维，这一点也解释了 MMSE 适当引入一些干扰，反而提升系统性能的原理。

▶ 拓展内容

用"两个铁球同时着地"的故事和亚里士多德"吾爱吾师，吾更爱真理！"的名言鼓励学生树立批判性思维，培养独立思考和质疑精神。其中，批判性思维是指通过信息和批判来进行合理判断的能力。批判应该是有根据的、有充分理由的、有充分判断的，以及基于对信息的详细分析、评估和评价的。

亚里士多德（公元前 384—前 322），古希腊哲学家，亚历山大大帝的老师。恩格斯称他为古希腊"最博学的人"。他将科学分为理论的科学、实践的科学、创造的科学。他在生物学、生理学、医学等方面都有突出的贡献。

亚里士多德的老师是柏拉图，柏拉图是一位理性主义者，而亚里士多德是经验主义代表人物，拉斐尔的世界名画《雅典学院》（见图 1-43）很好地描绘了亚里士多德与他的老师激烈争论的场面。因为信仰不同，亚里士多德对老师柏拉图的很多哲学观点都不赞同，因此有人说他不尊重自己的老师，处处与老师作对，于是就有了亚里士多德那句亘古名言"吾爱吾师，吾更爱真理！"，这句话可以说是对批判性思考最恰如其分的诠释。

图 1-43 拉斐尔的世界名画《雅典学院》

（资料来源：http://mms0.baidu.com/it?u=2388852611,3550119418&fm=253&app=138&f=JPEG? w=600&h=410）

两个铁球同时着地:意大利科学家伽利略年轻时在追求真理的过程中,敢于挑战权威,对人人信奉的哲学家亚里士多德所谓的真理产生了怀疑,经过反复试验求证后,伽利略在人们的嘲讽与猜疑中走上比萨斜塔(见图 1-44),用实验证实了真理,体现了伽利略不迷信权威的独立人格和执着追求真理的精神。

图 1-44 在比萨斜塔做铁球实验

(资料来源:http://max.book118.com/html/2017/0222/93082234.shtm)

案例三十四:运筹学简史

一、案例信息

所属课程:通信系统优化理论及方法
章节名称:绪论
授课教师:翟道森(副教授)

二、课程介绍

"通信系统优化理论及方法"是一门重要的应用数学课程。该课程涵盖了最优化理论的基本原理、常见问题、一般求解方法和通信工程应用实例,系统性地介绍了工程问题的建模、求解和分析等方面的理论及方法。学习该课程既可以帮助学生更好地理解已学的数学知识,又可以为他们开展学术研究和工程实践提供有力的工具。因此,该课程是一门重要的和广泛适用的课程,在实际工程设计和理论研究方面均有重要作用。

三、案例教学目标

1.知识目标:
(1)了解课程框架、知识体系和学习方法。

(2)了解运筹学概念、简史、分类及应用。

(3)理解运筹学在通信系统中的作用。

2.能力目标：

(1)通过古今案例分析,培养学生运用优化思想分析问题、建模问题及求解问题的能力。

(2)掌握常用优化方法在通信系统中的应用。

四、案例思政目标

1.爱国精神：通过对我国早期运筹思想的介绍,充分体现了早期运筹思想在我国各个领域的应用,也体现了中国古人的智慧和中华文化的博大精深,激发学生的爱国精神,培养文化自信。

2.反思进取：与古代形成鲜明的对比,近现代运筹学领域很少有中国的身影,反思我国在科学方面的滞后,激发学生的进取精神。

五、案例设计及实施过程

(一)爱国精神

在运筹学定义中会讲到学科的命名,英国称为 operational research,美国称为 operations research,简称 OR,日本称为运用学,中国称为运筹学,取自《史记·高祖本纪》："上曰：夫运筹策帷帐之中,决胜于千里之外,吾不如子房",体现了中国古人的智慧和中华文化的博大精深。

在讲授朴素运筹思想时会讲到都江堰水利工程。该工程是战国时期川西太守李冰父子主持修建的,是著名的无坝引水工程。它是"鱼嘴、飞沙堰和宝瓶口"三个工程合一的系统工程。其目标是利用岷江上游的水资源灌溉川西平原,同时追求的效益还有防洪与航运(多目标优化)。其总体构思是统筹思想和系统思想的杰出运用。"田忌赛马"体现出早期博弈思想。这些例子反映了我国早期在科学方面的先进性。

(二)反思进取

在讲授近代运筹学时会讲到"鲍德西(Bawdsey)雷达站的研究",其研究的问题是：设计将雷达信息传送到指挥系统和武器系统的最佳方式；雷达与武器的最佳配置；对探测、信息传递、作战指挥、战斗机与武器的协调,做了系统的研究,并获得成功。"Blackett(布莱克特)马戏团"在秘密报告中使用了"operational research",即"运筹学"。这个项目是运筹学的典范,其整体化的思想、明确的目标、多学科的协同、数量化的分析、最优化的结果,巨大的实际价值,以及简明朴素的表达,展示了运筹学的本色。另外,还会讲到"大西洋反潜战"和"南太平洋战斗"。此时欧美已经建立了运筹学的学科体系,而此时鲜有中国的身影,正是近现代我国在科学方面的滞后才导致落后挨打的局面,通过这些事例让我们反思自己的不足,激发学生的进取精神。

案例三十五：从傅里叶变换看待事物的两面性

一、案例信息

所属课程：信号与系统Ⅰ
章节名称：非周期信号的频谱
授课教师：樊晔（副教授）

二、课程介绍

信号与系统课程是电子、电气、通信、计算机、信息处理等电类专业本科生的一门重要的技术基础课程。它是以大学物理、高等数学、工程数学、电路分析为基础，同时又是后续技术基础课程和专业课的基础。本课程的主要内容有：信号与系统的基本概念、连续系统时域分析、连续信号频域分析、连续系统频域分析、连续系统的复频域分析、复频域系统函数与系统模拟、离散信号与系统时域分析、离散信号与系统Z域分析、状态变量法等九章内容。

三、案例教学目标

通过本节"非周期信号的频谱"的学习，实现下述教学目标：
1. 掌握非周期信号频谱函数的定义；
2. 掌握傅里叶变换的表达式及其变换意义，了解时域信号与频域信号之间的关系；
3. 掌握傅里叶变换的存在条件；
4. 掌握典型信号的频谱函数，并完成基本推导。

四、案例思政目标

培养学生看待问题时要注意事物的两面性，了解辩证唯物主义中的哲学观点，树立正确的世界观、人生观和价值观。

加强学生对充分条件与必要条件之间的关系的理解，培养学生思维的逻辑性和严密性，同时引导学生要有迎难而上的坚毅品质。

五、案例设计及实施过程

本案例把思政教学融入章节课程讲述的过程中。首先，教师在讲述傅里叶变换时，向学生介绍其是一个非周期的信号从时域变换到频域的方法，也可以说是从频域这个角度重新解读信号的本质。这与辩证唯物主义认为物质世界是按照它本身所固有的规律运动、变化和发展的，且与事物都是一分为二的概念不谋而合。引导学生在看待问题或者处理问题时，从多个角度去解读，没有绝对的好或者绝对的差，因为事物发展的根本原因就是在于事物内部的矛盾性，矛盾才是促使事物不断地由低级向高级发展的因素。

在讲述到傅里叶变换存在的条件时，需要向学生强调其为傅里叶变换存在的充分条件，其在哲学范畴内对事物的存在和发展的作用表现为"有它必可,无它未必不可",就类似于要完成一件事情的前期充足准备条件;傅里叶变换存在的条件同时也是非必要条件,其并不是不可或缺的,没有达到非它不可的地步,所以即使不满足上述所有条件的信号,依然可以存在傅里叶变换。这就如同在抗美援朝的战场上,即使我们没有先进的武器,我们依然靠着正确的领导和坚韧不拔、不怕牺牲的精神获得了胜利一样。

通过本案例的思政学习,学生最大的收获是加强了其看待问题透析问题本质的能力,并且深刻地认识到办法总比问题多,只要肯努力肯坚持,一定能取得最终的胜利。

案例三十六:中华传统文化中的数字信号处理

一、案例信息

所属课程:数字信号处理
章节名称:绪论
授课教师:万帅(教授)

二、课程介绍

数字信号处理在通信、仪表、雷达、图像处理、生物医学、消费电子、工业控制等领域都有广泛应用。通过本课程学习,使学生能掌握数字信号处理基本的理论体系,深刻理解数字信号处理理论所蕴含的物理概念和应用背景,掌握数字信号处理的基本概念、数学模型和计算与设计方法,提高学生的专业基础和科研能力。掌握离散时间信号与系统、线性时不变系统的时域和频域分析、傅里叶变换和Z变换、数字滤波器设计等经典和基础内容。

三、案例教学目标

在绪论章节中对数字信号以及数字信号处理基本概念的学习过程中,加入该案例学习,使学生了解数字信号处理的历史,特别是在中国古代的历史,从而加深理解数字信号的本质,以及数字信号处理的特点。

四、案例思政目标

1. 使学生了解中国传统文化中蕴含的深厚科学内涵。
2. 破除"数字信号处理是纯粹的现代科技"以及"数字信号处理方面西方历史更悠久,方法更先进"等错误认识。
3. 增强民族自尊心和自豪感,引导学生树立发扬中华民族的优良传统,为科技强国贡献力量的决心。

五、案例设计及实施过程

在介绍数字信号以及数字信号处理的基本概念之后,介绍数字信号处理的历史(见图1-45),澄清观点:数字信号处理并不是纯粹的现代科技,根据其定义和内涵,其有着悠久的历史(虽然当时并没有计算机等数字器件)。

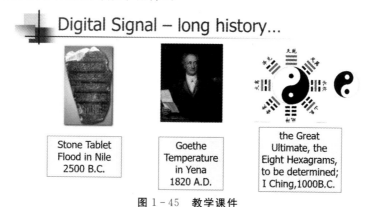

图 1-45 教学课件

首先介绍外国历史上的数字信号处理,如记录埃及尼罗河水位的石碑,歌德对城市气温的测量和记录等。体现数字信号处理的悠久历史,进而巩固对数字信号、数字信号处理定义的理解。

引出"数字信号处理是外国的"这一观点是错误的。进而介绍与中国古代相关的数字信号和相关处理,以八卦和太极为例。

简要介绍八卦和太极。

太极可认为是世界上最早的二进制(阴、阳对应 0、1);

八卦通过阴阳的组合,形成八种卦象(信号),进而进行组合可形成 64 卦,这些卦都是离散的。而对卦象进行分析,则可看作是数字信号处理的过程。

中华传统文化中蕴含着非常深刻的科学道理。本案例设计旨在鼓励学生吾辈应自强,激发民族自尊心和自豪感,发扬中华民族的优良传统,为科技强国贡献力量。

案例三十七:从变换思维的角度看中国自主创新之路

一、案例信息

所属课程:电路基础

章节名称:正弦稳态电路

授课教师:李鑫(副教授)

二、课程介绍

"电路基础"以分析电路中的电磁现象,研究电路的基本规律及分析方法为主要内容,是一门既有系统理论又有较强实践性的学科基础课。该课程主要以启发学生电学思维、训练学生电路分析技能为主。在"电路基础"课程建设过程中,课程组充分挖掘、发挥课程自身所蕴含的思政教育元素,并将其有机融入课程教学中,使知识点具有正能量的特性,让学生在学习过程中与名人共情,于生活思考,予社会创造,达到课程思政的教学成效。

三、案例教学目标

1. 知识目标：
(1)理解正弦量的相量表示法的由来。
(2)掌握正弦量瞬时值表达式和相量之间的相互转换。
(3)掌握相量形式 KCL 和 KVL。

2. 能力目标：
(1)通过对相量法由来的介绍，强调变换的思路，培养学生多角度、全方面分析问题的能力。
(2)通过讲解相量法的原理，提高学生提出问题、分析问题、解决问题的能力。
(3)通过引入电路实测和仿真验证，培养学生的动手能力以及通过实验现象归纳事物本质的能力，激发学生学习电路的兴趣。

四、案例思政目标

1. 哲学方法论：通过对相量法由来的介绍，向学生强调变换思路的重要性，进而引出三种哲学变换方法论，包括换元机智、转换机智和转向机智，培养学生变换思维的能力。

2. 爱国精神：通过介绍我国集成电路领域的"弯道超车"技术，既让学生对前沿技术有所了解，又能教育学生发愤图强、不断创新，将来为国家破解"卡脖子"技术难题贡献力量，培养学生的爱国精神和民族自豪感。

3. 名人故事：通过对提出相量法的科学家斯泰因梅茨(C. P. Steinmetz)和其著名的"一线万金"的故事进行动画介绍，弘扬科学精神、工匠精神、奋斗精神，既活跃了课堂气氛，又潜移默化地启迪学生"知识就是力量，知识就是财富，知识改变命运"，激发学生的学习兴趣。

五、案例设计及实施过程

本案例在课堂教学过程中采用"基因植入"的方法将思政教育元素自然有机融入知识点中。此外，利用雨课堂教学平台设置相关思政研讨议题，以课堂研讨交流的形式充分激活学生的自我思政意识，在学生自我涌现的基础上，使用分析点评和总结提炼的方式，对学生涌现的思政闪光点进行点睛与升华，达到"同频共振"的思政育人效果。

具体实施过程如下。

(一)哲学方法论

在介绍完相量法的概念后，画出相量法的结构示意图(见图 1-46)，强调相量法采用的是一种变换思路，进而引出三种哲学变换方法论，包括换元机智、转换机智和转向机智，每种机智都给出了具体事例(见图 1-47)。

换元机智：通过变换事物的某个因素或条件产生新思路，比如把常温常压变为高温高压，石墨就变成了金刚石。

转换机智：如果解决问题 A 比较困难，可将问题 A 变成问题 B，问题 B 解决了，问题 A

也相应得到解决。比如爱迪生让他的助手测量梨形玻璃泡的容积,助手很长时间没有算出来,爱迪生说:"咱们换个思路",于是他将梨形玻璃泡灌满水,然后对助手说:"去把这里的水倒进量杯看一下容积,那就是我们需要的答案"。此处事例还有中国著名的曹冲称象的故事。

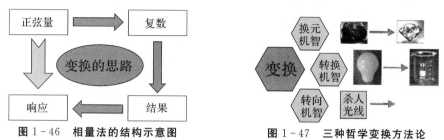

图 1-46　相量法的结构示意图　　　　图 1-47　三种哲学变换方法论

转向机智:当思维在一个方向受阻时,可以转换一个方向。例如 1935 年英国政府委托物理学家罗伯特沃森瓦特利用电磁波制造一种"杀人光线",用来消灭敌人甚至摧毁飞机。瓦特进行了很多实验都失败了,但是他转念一想飞机能否将我们发射过去的电磁波反射回来呢?如果能,岂不是可以及早知道敌机空袭吗?于是瓦特转换了研究方向,终于发明了世界第一台雷达。

(二)爱国精神

通过雨课堂布置一道研讨议题,让学生以课堂研讨交流的形式谈谈自己对变化思维的认识。然后教师对学生的思政闪光点进行分析点评。最后教师结合自身的科研方向,对我国科学家们所研究的集成电路领域"弯道超车"技术进行介绍,包括碳基工艺和冰刻技术(见图 1-48),让学生意识到变换思维的重要性,既让学生对前沿技术有所认知了解,又能教育学生发愤图强、不断创新,将来为国家破解"卡脖子"技术难题贡献力量,培养学生的爱国精神和民族自豪感。

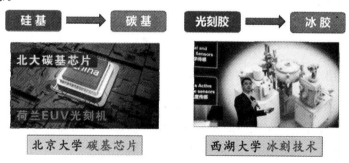

图 1-48　我国集成电路领域"弯道超车"技术

(三)名人故事

以卡通图片的形式对提出相量法的科学家斯泰因梅茨著名的"一线万金"的故事进行介绍(见图 1-49),弘扬科学精神、工匠精神、奋斗精神,既活跃了课堂气氛,又实现了"知识传授与价值引领相结合"的教学目标。

图1-49 斯泰因梅茨的"一线万金"故事

案例三十八:弘扬特高压精神,树立民族自豪感

一、案例信息

所属课程:电路基础
章节名称:电路基本概念与定律
授课教师:李鑫(副教授)

二、课程介绍

"电路基础"以分析电路中的电磁现象,研究电路的基本规律及分析方法为主要内容,是一门既有系统理论又有较强实践性的学科基础课。该课程主要以启发学生电学思维、训练学生电路分析技能为主。在"电路基础"课程建设过程中,课程组充分挖掘、发挥课程自身所蕴含的思政教育元素,并将其有机融入课程教学中,使知识点具有正能量的特性,让学生在学习过程中与名人共情,于生活思考,予社会创造,达到课程思政的教学成效。

三、案例教学目标

1.知识目标:
(1)了解课程的研究对象、知识体系和学习方法。
(2)掌握电路和电路模型的概念。

(3)理解电路的两种基本作用。

2.能力目标:通过对日常用电的产生、输送、分配、使用等内容的介绍,培养学生利用科学思维方法分析实际工程问题的能力。

四、案例思政目标

1.特高压精神:通过对我国特高压输电技术的介绍,弘扬中国"电力人"的特高压精神,帮助学生树立履行时代使命的责任担当,激发学生学习报国的理想情怀,助力正确的世界观、人生观和价值观的形成。

2.爱国精神:通过美国得克萨斯州大断电引发的思考,弘扬中国特色社会主义制度的优越性,激发学生的爱国热情,增强民族自豪感。

五、案例设计及实施过程

本案例实施过程分为以下两个阶段。

(一)特高压精神

在讲解电路的基本作用之一能量转换(实现电能传送、转换等)时,介绍我国特高压输电技术的研发背景、社会效益、科研攻关等内容,弘扬中国电力人精神,培养学生忠诚报国的负责精神、实事求是的科学精神、敢为人先的创新精神、百折不挠的奋斗精神和团结合作的集体主义精神。

我国特高压(见图1-50)从无到有实现"中国制造""中国引领":为破解我国能源资源与电力负荷分布极不平衡的现实难题,中国电力工作者经过不懈努力和奋斗,短短几年就攻克了特高压试验研究、规划设计、技术攻关、设备研制、工程建设、调试运行等难关,将我国建设成为世界首个、也是唯一一个成功掌握并实际应用特高压这项尖端技术的国家,不仅全面突破了特高压技术,率先建立了完整的技术标准体系,而且自主研制成功了全套特高压设备,实现了跨越式发展。

学生通过该案例的思政学习,最大的感受就是增强了民族自信心,对我国电力工作者的责任担当和敢为人先的首创精神,有了最深的体会。

图 1-50 我国特高压输电设备

(资料来源:http://mms0.baidu.com/it/u=918552380,431769325&fm=253&app=138&f=JPEG?w=500&h=281)

(二)爱国精神

以美国得克萨斯州大断电事件(见图1-51)为背景给学生布置一道研讨议题:极端天气下,中国会不会出现美国得克萨斯州式大范围停电?让学生以课堂研讨交流的形式谈谈自己的看法。然后教师进行点评和总结,并从我国一张电网统一调度以及电力可靠供应两个方面向学生系统阐述我国不惧怕停电的原因。从专业上来说,源于背后强大的后盾支撑——统一规划、统一管理、统一调度的中国国家级电网;从根本上来说,源于无可比拟、能办大事的中国特色社会主义制度的制度优势。

上述思政教学主要采取学生"自我涌现"的方式进行,坚定了学生对我国各项政策方针、科学发展理念的认同,培养学生的爱国热情,激发学生报效祖国的理想情怀。

图1-51 美国得克萨斯州大断电

(资料来源:http://finance.sina.com.cn/jjxw/2021-02-23/doc-ikftssap8267232.shtml)

案例三十九:雷达系统的生存与对抗

一、案例信息

所属课程:雷达系统分析、设计与MATLAB仿真
章节名称:绪论
授课教师:李永康(讲师)

二、课程介绍

本课程是电子信息类高年级本科生的专业选修课,主要讲授雷达系统的基本理论、雷达系统分析与设计的基本理论和方法,以及雷达系统分析与设计的MATLAB仿真实现,让学生掌握必要的背景知识以从事雷达系统的分析与设计工作,为国家军工行业培养人才。

三、案例教学目标

本案例的教学目标为:让学生了解当前雷达系统面临的主要的生存挑战以及对抗这些挑战的先进技术,熟悉常用的电子干扰的工作原理与常见的对抗电子干扰的技术,了解常用的反辐射导弹与对抗反辐射导弹的技术,熟悉低空入侵的科学原理与反低空入侵技术的工作原理,了解常见隐身技术的工作原理与反隐身技术的工作原理,培养学生归纳、总结问题的能力。

四、案例思政目标

通过介绍雷达领域著名专家刘永坦教授的成长经历、科研贡献以及所获得的奖励与荣誉,让学生认识到党和国家对国防事业的重视,引导学生投身国防事业,为国防建设做贡献。同时,通过学习优秀科研工作者的成长经历与工作态度,引导学生树立正确三观,培养学生的科学报国精神,激发爱国情怀。

五、案例设计及实施过程

本案例的实施过程分为两个阶段。首先,讲解当前雷达系统面临的主要的生存挑战以及对抗这些挑战的先进技术;然后,通过介绍刘永坦教授的先进事迹,进行思政教学。

刘永坦教授(见图1-52)出生于1936年12月,江苏南京人。他是哈尔滨工业大学教授,两院院士,我国对海探测新体制雷达理论的奠基人,对海远程探测技术跨越发展的引领者。

刘永坦先生从海外留学回国后,瞄准我军对海探测的重大需求,潜心开展地波雷达对海探测的科研工作,并取得了重大成果。他带领团队在新体制雷达对海探测理论与技术方面取得重大突破,并在研制成功我国第一部地波对海探测雷达的基础上,陆续攻克地波雷达对海探测的一系列国际性重大技术难题,使我国地波对海探测雷达技术达到世界领先水平。由于贡献突出,刘永坦先生先后两次获得国家科技进步奖一等奖,还荣获国家最高科学技术奖。

通过上述思政教学,学生深刻认识到党和国家对国防事业的重视,成功激发了学生投身国防事业、为国防建设做贡献的热情。

图1-52 刘永坦

(资料来源:http://mms1.baidu.com/it/u=1071439228,3626162482&fm=253&app=138&f=JPEG? w=640&h=457)

案例四十：SAR 的工作原理

一、案例信息

所属课程：雷达系统分析、设计与 MATLAB 仿真
章节名称：合成孔径雷达地面运动目标指示
授课教师：李永康（讲师）

二、课程介绍

本课程是电子信息类高年级本科生的专业选修课，主要讲授雷达系统的基本理论、雷达系统分析与设计的基本理论和方法，以及雷达系统分析与设计的 MATLAB 仿真实现，让学生掌握必要的背景知识以从事雷达系统的分析与设计工作，为国家军工行业培养人才。

三、案例教学目标

本案例的教学目标为：让学生熟悉合成孔径雷达（SAR）五种常见的工作模式及其特点，掌握 SAR 获取距离向和方位向高分辨的原理，掌握目标回波信号模型，掌握如何使用 MATLAB 进行目标回波信号。

四、案例思政目标

通过介绍雷达技术领域著名教育家、科学家保铮院士在人才培养、科学研究等方面的先进事迹，激发同学们的学习热情与爱国情怀，激励学生在未来的工作中拼搏向上、敢为人先，并引导学生投身国防事业，为国家国防建设与学校双一流建设做贡献。

五、案例设计及实施过程

本案例的实施过程分为两个阶段。首先，讲解 SAR 的五种基本工作模式、SAR 实现距离与方位高分辨的原理以及 SAR 目标回波信号模型及 MATLAB 仿真；然后，通过介绍保铮教授在人才培养和科学研究方面的先进事迹，进行思政教学。

保铮教授 1927 年生于江苏省南通市，1953 年毕业于解放军通信学院（现西安电子科技大学）雷达系，并留校任教，历任教研室副主任、系主任、副院长、雷达信号处理国家重点实验室学术委员会主任、西安电子科技大学原校长、陕西省科协副主席。

保铮长期从事雷达与信号处理方面的理论研究和工程实践，于 20 世纪 60 年代初主持研制成国内第一台微波气象雷达。70 年代中期以来，他在数字信号处理、统计信号处理、阵列信号处理、自适应信号处理、时空二维信号处理、空间信号超分辨、雷达成像等方面，取得了一系列具有国际影响力的重大成果，这些开拓性成果广泛应用于中国大量雷达武器装备中，为国防科技的进步和发展做出了卓越贡献。保铮也培养了一大批德才兼备的学生，包括博士 119 人、硕士 42 人，其中全国百篇优秀博士论文获得者 4 人、全国百篇优秀博士论文提

名奖 3 人,培养院士 1 人。

通过上述思政教学,保铮教授的淡泊名利、敬业奉献、求真务实等作风,深深地感染了学生,也激发了学生的学习热情与爱国情怀。

案例四十一:五代隐身战斗机的隐身原理

一、案例信息

所属课程:电子与信息技术导论(英)
章节名称:电子信息技术在三航领域的应用
授课教师:宗亚雳(副教授)

二、课程介绍

所属课程为"电子与信息技术导论",适用专业为电子科学与技术、信息与通信工程专业,是由本学科领域的知名专家面向一年级学生开设的小班研讨形式的课程。课程以探索和研究为指向,强调师生互动和学生自主学习。教师是组织者、指导者和参与者,围绕老师选定的专题,在老师和学生、学生和学生间进行平等的互动与交流。对同学们在掌握知识、开阔视野、合作精神、批判思考、交流表达、写作技能等诸多方面进行整体上的培养与训练。

三、案例教学目标

对第五代战斗机中的隐身技术进行讲解,使学生了解多种隐身技术包括外形隐身、材料隐身和射频隐身技术等,使学生了解电子信息在射电天文领域的应用及相关先进技术,了解电子和信息系统的理论基础和应用前沿,培养学生对本专业的兴趣。

四、案例思政目标

1. 加强学生对我国各项方针政策、科学发展理念的理解,增强学生的民族自信心和自豪感;
2. 增强学生"四个意识",增强时代赋予学生的使命担当,弘扬工匠精神,激发其建功立业的报国热情。

五、案例设计及实施过程

首先,介绍第五代战斗机的性能特点:一般可以用 4S 来概括,即 stealth(隐形)、super sonic cruise(超音速巡航能力)、super maneuverability(超机动能力)、superior avionics for battle awareness and effectiveness(超级信息优势);其次强调隐身性能的重要性:"超低可探测性(隐身)"+"超级信息感知"=上帝视角的全战场感知能力,并详细介绍实现战机隐身的技术手段,以及电磁场与微波技术在其中起的作用。

图 1-53 歼-20 战机

(资料来源：https://baijiahao.baidu.com/s?id=1610191156154240879)

最后，进行总结。歼-20 战机（见图 1-53）是目前世界上最先进的第五代隐身战机之一，是中国自主研制的第五代战斗机，它的研制实现了既定的四大目标——打造跨代新机、引领技术发展、创新研发体系、建设卓越团队。打造跨代新机，是按照性能、技术和进度要求，研制开发中国自己的新一代隐身战斗机。引领技术发展，指通过自主创新实现强军兴军的目标。歼-20 在态势感知、信息对抗、协同作战等多方面取得了突破，这是中国航空工业从跟跑到并跑，再到领跑的必由之路。创新研发体系，是指建设最先进的飞机研制条件和研制流程。通过一大批大国重器的研制，建立了具有中国特色的数字化研发体系。建设卓越团队，是指通过型号研制，锤炼一支爱党爱国的研制队伍，这些拥有报国情怀、创新精神的优秀青年是航空事业未来发展的生力军。未来几年，六代战机也将呼之欲出，而且这一代将是我国科技行业的中流砥柱，只要同学们好好学习，在未来不乏建功立业的机会，我国科技的未来将由你们这一代来擘画，望同学们不负时代的重托，不负国家和人民的期待。

通过该案例的思政学习，学生的国家安全感和忧患意识都得到增强，并体会到落后就要挨打的历史教训，增强了责任感，对知识学习的意义认识更加明确，充满了报国热情。

案例四十二："中国天眼"中的最优化问题

一、案例信息

所属课程：最优化理论与方法
章节名称：最优化方法的数学模型
授课教师：宗亚霈（副教授）

二、课程介绍

本案例课程"最优化理论与方法"，适用于所有理工科专业的学生学习。本课程是一门研究资源有限条件下选择最合理的方案以达到最优目标的专业选修课。最优化理论和方法现已广泛应用于自然科学、军事科技、工程技术和管理科学等诸多领域，逐渐成为科研工作者和工程技术人员的必备技能。本课程旨在讲授最优化的基本理论和方法，使学生具备应用最优化方法解决实际问题的初步技能,为将来的深入学习和工作打下牢固基础。

三、案例教学目标

最优化方法的数学模型,是开展最优化设计任务的根本,而将现实问题转化为数学问题,并建立对应的最优化设计数学模型,是本课程的学习重点和难点。本节的课堂目标是通过对"中国天眼"优越性能的讲述,反问该大国重器的结构如何设计才能保证其性能,进而引入最优化方法的内涵与最优化方法的数学模型,使学生掌握最优化方法及其数学模型的概念,了解其常见表达形式,掌握采用最优化方法求解最优化问题的基本流程,具备提炼最优化问题物理模型的能力,并能将物理模型转化为其数学模型。

四、案例思政目标

1. 坚定学生对我国各项方针政策、科学发展观的认同,增强学生的民族自信心和自豪感;
2. 增强学生"四个意识",增强时代赋予学生的使命担当,弘扬工匠精神,激发其建功立业的报国热情和舍小我成大我的奉献精神。

五、案例设计及实施过程

通过简要介绍让学生了解"中国天眼"工程之巨、性能之优异,并与 2020 年退出历史舞台的美国阿雷西博望远镜进行对比,而后反问该大国重器的结构如何设计才能保证其性能。

第一阶段:讲述"中国天眼"坐落于我国贵州省,是全世界最大、灵敏度最高的单口径射电望远镜,可接收 130 多亿光年以外的电磁信号;通过用同学们熟悉的实物进行测算展示"中国天眼"之巨:其面积约是 30 个足球场那么大[见图 1-54(a)],据测算,如果用这么大一口锅盛水,够全球 50 多亿人每人分 4 瓶;通过性能之高、口径之大,突出工程难度:对于这么大口径的天线,其波束指向误差低至 8 角秒,精度可达 3 mm,工程难度可想而知。

第二阶段:与美国阿雷西博望远镜[见图 1-54(b)]对比,突出"中国天眼"的性能优异之处,增强学生的民族自信心和自豪感。主要讲述"中国天眼"的口径更大,馈源舱更轻,控制方案更先进、灵活,可实现的精度和分辨率更佳。

(a)"中国天眼"及其馈源舱

(资料来源:https://gimg2.baidu.com/image_search/src=http%3A%2F%2Fpic1.zhimg.com%2Fv2-557acaacc7386a6b7784f93eadf3fefc_r.jpg&refer=http%3A%2F%2Fpic1.zhimg.com&app=2002&size=f9999,10000&q=a80&n=0&g=0n&fmt=auto? sec=1671333002&t=5de52fb47313a4acef1536b9ce5e499b)

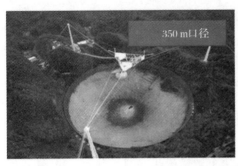

(b) 阿雷西博望远镜及其馈源舱

(资料来源:https://pics5.baidu.com/feed/8718367adab44aeddd46a1ecc1b00707a08bfbe5.jpeg?token=5413bbaf13f9a9ecc73db88fd0623213)

图1-54 "中国天眼"与美国阿雷西博望远镜的对比图

第三阶段:设置问题提出该大国重器的结构如何设计才能保证其性能要求,进一步分析问题的解决方法,引出最优化方法,并建立其数学模型。

提出问题:"中国天眼",通过粗-精两级复合调整技术和馈源-反射面全可动技术等实现了高精度、宽角度的空间扫视。但在设计时,FAST关键结构尺寸如何取值,才能在索链不破坏、不虚牵的情况下,确保驱动电机消耗最少的能量实现"中国天眼"的大角度扫视功能呢?

教师带领学生分析一下上述问题,它的设计变量应该是结构尺寸,目标函数是最少的能量,因为在空间扫视时,驱动索的力会发生变化,科学家们研究发现扫视过程中索力差最小等效于能量最少。约束条件是大角度扫视,和索链不破坏、不松弛。还有个暗含的条件是,索力要满足力平衡方程。该问题是典型的最优化问题,需要用最优化方法来解决。

结合文献给出科学家们建立的数学模型。其中,设计变量与目标函数和约束函数之间的数理关系很复杂,有兴趣的同学可以查阅相关文献。最优化模型本质上是为了达到一定的目标,在约束条件下,使各个设计变量保持平衡,是个体服从集体利益的典型案例,因为不是每个变量达到其自身极值,整体目标就可以达到最优,这与大家一样,遇到问题,个体需要为了整体利益进行科学的平衡。

通过本案例的思政学习,加深了学生对我国各项方针政策、科学发展理念的理解,增强了学生的民族自信心、自豪感和使命担当,弘扬了工匠精神,激发了学生建功立业的报国热情和舍小我成大我的奉献精神。

案例四十三:钻研技术,献身国防——数学是解决工程物理问题的锐器

一、案例信息

所属课程:数学物理方程与特殊函数

授课教师:李长侑(副教授)

二、课程介绍

"数学物理方程与特殊函数"是工科类有关专业的一门基础课,由"数学物理方程"和"特殊函数"两部分内容组成。"数学物理方程"部分讨论数学物理方程的一些基本概念及三种典型方程(波动方程、热传导方程、泊松方程或拉普拉斯方程)各种定解问题的常用解法,包括分离变量法、行波法、积分变换法和格林函数法等。"特殊函数"部分讨论贝塞尔函数及勒让德多项式。

三、案例教学目标

通过该案例的专业教学内容,主要实现以下教学目标:

深入理解各种不同微分方程数学形式和物理背景之间的紧密耦合关系,理解如何基于物理现象构建数学模型,同时可以基于数学模型描述物理现象。

深入理解各种物理现象所凝练的数学微分方程模型的多种解决方法。以低纬度的物理问题为切入点,深入浅出地理解各种解法之间的变化关系和灵活应用的基本原则等。

四、案例思政目标

通过讲授偏微分方程的数学问题和空气动力学中的飞机气动设计问题之间的内在联系,介绍数学问题相关计算方法在飞行器外形技术中的广泛应用,以及我国在飞机设计过程中所攻破的各类难题和重要科学家事迹,鼓励同学们学以致用,投身国防事业,努力推动我国科技进步。

五、案例设计及实施过程

首先,讲授空气动力学在飞机气动外形设计、热传导问题在发动机和 CPU 等设备开发等过程中的重要作用,向同学们介绍数学问题和物理问题之间的密切关系,了解如何利用数学问题很好地解决工程实践中的物理问题,让同学们明白所学内容在实际工程中所起到的关键核心作用。本案例利用教学课件(见图 1-55)帮助学生理解三种典型方程。

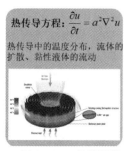
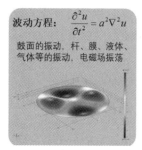

图 1-55 教学课件

紧接着，对空气动力学中所涉及的数学问题进行描述，让同学们了解如何从理论层面帮助工程实际中的飞机设计（见图1-56），并从而引出我国飞行器设计的发展历史以及主要历史人物的事迹，鼓励同学们学习老一辈科学家的科研精神，投身国防事业，解决现在飞行器设计中所面临的各类问题。

图1-56 教学课件

案例四十四：做一个科技爱国人——数学是解决工程物理问题的锐器

一、案例信息

所属课程：数学物理方程与特殊函数

授课教师：李长侑（副教授）

二、课程介绍

"数学物理方程与特殊函数"是工科类有关专业的一门基础课，由"数学物理方程"和"特殊函数"两部分内容组成。"数学物理方程"部分讨论数学物理方程的一些基本概念及三种典型方程（波动方程、热传导方程、泊松方程或拉普拉斯方程）各种定解问题的常用解法，包括分离变量法、行波法、积分变换法和格林函数法等。"特殊函数"部分讨论贝塞尔函数及勒让德多项式。

三、案例教学目标

通过该案例的专业教学内容，主要实现以下教学目标：

深入理解各种不同微分方程数学形式和物理背景之间的紧密耦合关系，理解如何基于物理现象构建数学模型，同时可以基于数学模型描述物理现象。

深入理解各种物理现象所凝练的数学微分方程模型的多种解决方法。以低纬度的物理问题为切入点，深入浅出地理解各种解法之间的变化关系和灵活应用的基本原则等。

四、案例思政目标

通过讲授波动方程的数学问题和电磁学问题之间的内在联系，结合我国歼-20飞机的设计和制造，介绍数学问题的相关计算方法在飞行器雷达散射面积缩减技术中的广泛应用以及我国在隐身飞机设计过程中所解决的各类问题以及重要科学家事迹,鼓励同学们学以致用,投身国防事业,努力推动我国国防科技的进步。

五、案例设计及实施过程

首先,从电磁学所衍生的电磁波动方程在飞机隐身外形、隐身吸波材料、隐身天线等方面的重要作用向同学们介绍数学问题和物理问题之间的密切关系,了解如何利用数学问题很好地解决飞行器隐身问题的工程实践物理问题,让同学们明白所学内容在实际工程中所起到的关键核心作用。本案例运用的教学课件如图1-57所示。

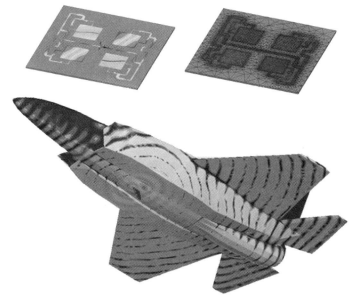

图 1-57 教学课件

紧接着,对飞行器隐身设计中所涉及的数学问题进行较为详细的描述,让同学们了解如何从理论层面帮助工程实际中的飞机设计实现低的雷达散射截面,从而引出我国隐身飞行器歼-20设计的发展历史以及主要科研人员的事迹,例如杨伟总设计师、李刚首飞试飞员等,鼓励同学们学习老一辈科学家的科研精神,投身国防事业,解决现在隐身飞行器设计中所面临的各类问题。

案例四十五:君子善假于物——光纤是良好的传输介质

一、案例信息

所属课程:光载射频通信技术综合设计
章节名称:光纤
授课教师:高永胜(副教授)

二、课程介绍

"光载射频通信技术综合设计"是学校首批专业综合设计类课程,属于专业方向课,适用于电子科学与技术、电子信息工程、通信工程等专业。该课程融合了光电技术、光纤通信、无线通信、微波射频几门课程的相关内容,通过项目式理论学习+实践的方式,达到"做中学"的效果,培养学生跨学科学习和科研的能力。课程体系包括光载射频通信技术理论基础、光载射频通信系统仿真、光载射频通信系统制作及测试三大内容。

三、案例教学目标

通过该案例的教学,让同学们首先清楚光载射频通信的载波和介质,然后通过领悟以下两个内容,弄清楚为什么采用激光和光纤进行通信:

1. 激光是一种频率很高(1 013~1 015 Hz)的电磁波,相对带宽很大,可被宽带射频信号调制,是一种良好的载波。

2. 相比于双绞线、射频电缆,光纤的损耗、带宽均有显著优势,因此能够实现长距离传输,是良好的传输介质。

四、案例思政目标

"君子生非异也,善假于物也",君子的天赋并非与众不同,只是他们善于借助外部事物。善于利用已有的条件,是君子成功的一个重要途径。告诫同学们要善于利用周围已有的条件,去争取最大的成功。

同学们在中学的时候学习荀子《劝学》,可能理解得比较浅。通过专业课相关内容与这个道理相关联,让同学们意识到我们中国古人的智慧、中国文化的博大精深,值得我们好好体会领悟。

五、案例设计及实施过程

首先让同学们了解激光的概念和优势。激光是一种频率很高的电磁波,频率可达 190 多太赫兹,所以激光和同学们所知道的射频同属于电磁波,只是频率不同而已。因此激光也应和射频一样,可以载波被信息调制,然后通过光纤传输,即 radio over fiber(光载射频)。激光由于频率比较高,进而频率附近的绝对带宽很大,因此能够承载更高速率的信息,是提高信息传输速率的良好载波。

此处重点通过三个频谱(基带数据、射频信号、光载射频信号),让同学们学习基带信号调制射频、射频调制光载波的过程,如图 1-58 所示。

紧接着,带同学们回顾中学时学过的荀子《劝学》,其中有一句"假舆马者,非利足也,而致千里……",引出荀子的结论:"君子生非异也,善假于物也。"问同学们这句话是什么意思,可以得出什么道理。

然后介绍光纤的发明:1965 年,高锟(华裔物理学家、教育家)提出利用玻璃纤维作为光波导进行通信。让同学们对比常用的通信传输介质:光纤、双绞线(网线)、射频电缆,如图

1-59所示。可以看到光纤的传输损耗只有 0.2 dB/km,传输距离可达 100 km 以上,带宽 4 THz,远远优于双绞线和射频电缆。这就是现在光纤应用广泛的原因,也是高锟获得诺贝尔奖的原因。

最终引导同学们得出结论:激光是良好的载波,光纤是良好的传输介质!也达成了思政目标:同学们要善于借助外物,去争取最大成功!

1.光载射频(RoF)的概述

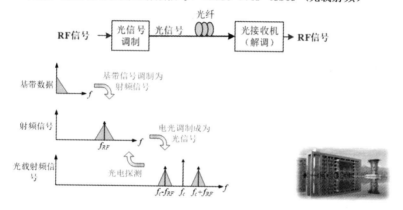

图 1-58　教学课件

2.RoF的技术优势

图 1-59　教学课件

案例四十六：中国北斗——中国智慧

一、案例信息

所属课程：卫星导航前沿研究专题
章节名称：世界卫星导航发展中的北斗
授课教师：王伶（教授）

二、课程介绍

该课程是面向信息与通信工程、电子科学与技术等学科研究生的一门选修课。该课程内容覆盖面广，授课内容包括卫星导航定位系统发展现状与趋势、卫星导航定位基本原理与算法、时间与坐标系统基本理论、导航定位误差源等。

三、案例教学目标

学习卫星导航系统的应用意义和发展历史，清楚中国北斗导航卫星系统在世界卫星导航史中的地位。

四、案例思政目标

1. 通过讲解中国北斗七星、日晷、指南针了解中国古代辨别方向的方式，重温中国人民的智慧，增强民族自豪感；
2. 认识到中国北斗是世界四大卫星导航系统，代表着中国先进的科技实力，增强科技自信。

五、案例设计及实施过程

"卫星导航前沿研究专题"的首堂课讲述世界卫星导航发展中的北斗，如图 1-60 所示。

首先向同学们抛出一个问题：中国人从古至今，是如何寻找方向的？怎么区分东南西北。同学们一定会提到指南针、北斗七星。紧接着老师梳理脉络，从北斗七星，到日晷、司南、四大发明之一的指南针。指出指南针对于开启大航海时代的重要意义。总结得出：随着活动空间的扩展，人类一直变换着寻求导航定位的手段，而其中饱含着中国人民的智慧。

然后，从当前热门的航天活动，抛出问题：在太空中怎么辨识方向？同学们大概会回答 GPS、北斗导航定位等方式。老师进行梳理，指出美国 GPS、俄罗斯格洛纳斯、欧洲伽利略、中国北斗是联合国卫星导航委员会已认定的全球四大卫星导航系统，如图 1-61 所示。

我国从 1994 年立项到 2000 年建成北斗一号系统，从 2012 年开始正式提供区域服务到 2020 年服务全球……中国北斗人秉承航天报国、科技强国的使命情怀，探索出一条从无到有、从有到优、从有源到无源、从区域到全球的中国特色发展道路。独立的卫星导航系统，是政治大国、经济大国的重要象征，中国北斗代表着中国先进的科技实力，从而增强学生对我国科技的自信。

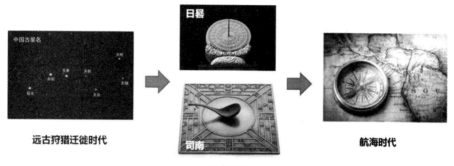

图 1-60 导航定位的手段演化

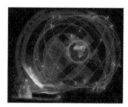

图 1-61 卫星导航的发明将活动空间延伸到了太空时代

案例四十七：模式识别巧思妙想

一、案例信息

所属课程：模式识别

章节名称：绪论

授课教师：梅少辉（副教授）

二、课程介绍

"模式识别"是电子信息学院面向电子信息工程和探测制导与控制等相关专业开始的本科生专业选修课程,课程主要内容包括模式识别的基本理论、方法和相关应用,旨在通过学习掌握模式识别的基本概念、基本原理、基本分析方法和算法,培养学生运用模式识别解决本专业和相关领域的实际问题的能力。

三、案例教学目标

1. 素质目标:培养学生的民族荣辱观,弘扬和培育民族精神。
2. 知识目标:
(1) 了解模式识别在社会经济发展中的作用;
(2) 理解模式识别的基本概念和内涵;
(3) 掌握典型模式识别系统的组成。
3. 能力目标:培养学生应用模式识别解决实际问题的能力。

四、案例思政目标

1. 民族自强感:以四次工业革命为背景,结合中国近代史介绍中华民族的复兴历程,建立学生的民族自强感,培养学生的民族意识。
2. 为民族复兴而奋斗:通过四次工业革命中不同国家的发展机遇与国际地位的变化,结合模式识别对于人工智能等第四次工业革命的贡献,在专业知识学习的同时帮助学生树立履行时代使命的责任担当,培养学生要肩负起为中华民族谋复兴的历史使命。

五、案例设计及实施过程

在模式识别课程的引言部分,拟结合四次工业革命引入模式识别课程相关知识学习的重要性,并结合中国近代史的发展简介,帮助学生树立民族荣辱观和民族自强感,培养学生学好专业知识,担当起中华民族复兴的历史使命。

课程拟按照以下思路进行讲述:

1. 如图 1-62 所示,结合第一次工业革命,主要讲述两个方面的事实:第一,英国和法国进行了革命,迅速成长为世界第一阵营,为第四次工业革命中国的民族复兴做铺垫;第二,当世界进行第一次工业革命时,中国闭关锁国,逐步落后,导致中国近代史成为列强侵华的屈辱史,警醒青年学生勿忘国耻,振兴中华。

- ▶ 第一次工业革命:"机器时代"
- ▶ 世界经济、军事中心西移,英国、法国成为第一阵营,资本主义蓬勃发展
- ▶ 中国闭关锁国,逐步落后,导致中国近代史成为列强侵华的屈辱史

图 1-62 第一次工业革命介绍

2.如图 1-63 所示,结合第二次工业革命,也主要讲述两个方面的事实:第一,美国等国家抓住了机遇,奠定了其世界强国地位,而英国和法国开始持观望态度,逐步落后,也是为第四次工业革命中国的民族复兴做铺垫;第二,当世界进行第二次工业革命时,中国人民通过艰苦卓绝的奋斗,实现了民族独立,培养学生的民族自强感。

- 第二次工业革命:"电气时代"
- 资本主义各国的发展并不平衡。由此开始了世界霸权和主导地位更激烈的争夺:美国、德国、苏联和日本
- 英、法逐渐落后
- 中国实现民族独立

图 1-63　第二次工业革命介绍

3.如图 1-64 所示,结合第三次工业革命,也主要讲述两个方面的事实:第一,随着世界强国不断深入开展第三次信息科技革命,世界贫富差距不断加大,也是为第四次工业革命中国的民族复兴做铺垫;第二,中国赶上了第三次科技革命,实现了民族富强,但在一些关键的卡脖子问题上积累不够,如芯片设计与制造等,造成了中国在政治经济等领域的被动,如中兴华为被制裁等,培养学生强烈的民族忧患意识。

- 第三次工业革命:信息科技
- 原子能、电子计算机、空间技术和生物工程
- 世界贫富差距不断加剧,促进了世界范围内社会生产关系的变化
- 中国赶上了(民族富强),被卡脖子(芯片技术等)

图 1-64　第三次工业革命介绍

4.如图 1-65 所示,目前世界正在开展以工业 4.0、5G 以及人工智能等技术为核心的第四次工业革命,这是中国弯道超车、引领世界的重要机遇,也是实现中华民族伟大复兴的关键,需要青年学生的集体奋斗。

- 第四次工业革命:"智能"
- 工业 4.0,人工智能,5G,……
- 美国、中国等
- 中国:弯道超车,引领世界 中华民族伟大复兴

图 1-65　第四次工业革命介绍

最后,基于人工智能技术的重要性,引出作为人工智能的基础技术——模式识别课程学习的重要性,使学生感受到能够通过自己专业课程的学习,提高自身素养,为中国的第四次工业革命做贡献,为中华民族的伟大复兴做出贡献!

案例四十八：对流层散射通信

一、案例信息

所属课程：电波传播概论
章节名称：散射传播
授课教师：冀璐阳（副教授）

二、课程介绍

"电波传播概论"的主要教学内容包括电波传播的基础理论，以及电波在地表、对流层、电离层等不同媒质中的传播，是电磁场与无线技术、电子信息工程等本科专业的专业课程。该课程理论性强且非常实用，通过将电波传播基础知识与前沿课题紧密结合，提高学生对已有基础理论和技术的综合运用能力，培养学生的科研意识和创新能力；通过引入课程思政元素，带领学生了解中国最新的电波传播成果，体验科研力量，树立报国之志，培养家国情怀。

三、案例教学目标

本案例的教学目标如下：
1. 知识目标：
(1)掌握对流层散射通信的传播条件和特性。
(2)学习国际上以及我国最新对流层散射通信系统。
(3)了解对流层散射通信系统的组成及应用。
2. 能力目标：通过对对流层散射通信的特性、应用，以及最新成果等内容的介绍，完善学生在电波传播领域的知识体系，提高学生理论结合实际分析问题的能力以及开拓思维的创新能力。

四、案例思政目标

1. 创新精神：通过对其他国家装备的对流层散射通行车以及我国最新390型高速散射通信中继车的介绍，带领学生们了解散射通信车的结构和天线实现形式，弘扬中国科研工作人员的创新精神，帮助学生树立履行时代使命的责任担当，激发学生科研报国的理想情怀，助力正确的世界观、人生观和价值观的形成。

2. 爱国精神：通过播放国庆70周年阅兵信息作战第三方队的相关视频资料，让学生们了解国内最新的对流层散射通信系统如何确保通信畅通、"耳聪目明"，并介绍研制这些"国防利器"的主要科研单位和研究人员背后的故事，弘扬潜心科研、矢志报国的科学家精神，激发学生的爱国热情，增强民族自豪感。

五、案例设计及实施过程

本案例实施过程分两部分。

(一)国际意识和创新精神

首先介绍我军目前装备的 TS-510 型窄带、多通道数字式对流层散射通信系统,它能够提供远通信距离局部战术通信。该系统携带在一辆越野卡车上,由两台发射机和两台高功率放大器组成,分别安装在车厢顶部。对流层散射通信系统用于远距离数据/声音传送,给卫星通信提供一个有用的补充,如图 1-66 所示。频率距离 4 435~4 750 MHz,工作频率数量 4~8,噪声障碍小于 5 dB,传输功率 1 kW。

图 1-66 我军、美军和苏军的对流层散射通信系统

放眼世界范围,散射通信系统在各个国家的发展都得到了重视。美军对流层散射通信系统的部署分布很广,主要位于北美、北大西洋、西太平洋、东南亚等地区,是美军全球战略通信网的重要组成部分。AN/TRC-170 系统采用空间分集、两副 1.8 m 抛物面天线和一个 2 kW 高功率放大器,其设计最大通信距离为 160 km,最大可靠数据速率为 2 Mb/s。对流层散射机在海湾战争中的应用,被认为是有史以来当代对流层散射通信的一次最大的部署。

由中电科 54 所牵头研制的 390 型散射通信车(见图 1-67)是我国机动通信装备的最新成果,该装备具有强大的超视距通信能力,通信距离远,开通速度快,设备操作简单,适应环境能力强,能跨越海岛、沙漠、湖泊等复杂地形,可以为我军大范围机动无线通信组网提供一种良好的解决方案,对提升我军基于网络信息体系的联合作战、全域作战能力,发挥着十分重要的作用。与同类设备相比,它在现役散射装备中传输速率最高、天线自动对准速度最快,体现了我军散射通信技术的最新发展。

图 1-67　390 型散射通信车

(资料来源:https://www.sohu.com/a/344692986_255783)

(二)爱国精神

首先,通过播放国庆 70 周年阅兵信息作战第三方队的相关视频资料(见图 1-68),让学生们了解国内最新的对流层散射通信系统如何确保通信畅通、"耳聪目明"。

图 1-68　国庆 70 周年阅兵信息作战第三方队

(资料来源:http://vdposter.bdstatic.com/298cc3719553984cf1c1a2885c10d5e5.jpeg)

其次,介绍牵头研制散射通信车的中电科 54 所的相关情况和研究人员背后的故事。54 所微散专业部主任在接受采访时说:"我们坚持实战化设计理念,从作战环境、可操作性等方面进行精心设计,极大提升了装备的机动性、越野性和通信能力。阅兵无小事。这款通信车已经交付部队使用。但是,根据行进方向和现场要求,车上天线的展开方向与平时使用的方向相反,这就需要我们对天线的安装方式进行调整。为了让我们的设备以最优的姿态展现在全世界面前,每个细小的改动和关键的环节我们都至少设计三四个预案。从电视画面上,我们可以看到通信车在经过天安门广场的时候,同时以右上角 45 度的角度展开天线,以仰视的姿态向主席台行'注目礼',为了达到整齐划一,我们伺服控制的设计师下了很多功夫。"在 70 周年阅兵中,天线伺服技术人员按照用户要求,他们仅用了 7 天时间,改造完成了三种类型共计 15 套的车载站天线。

通过对该案例的介绍,坚定了学生们的学习斗志和决心,弘扬了潜心科研、矢志报国的科学家精神,激发了学生的爱国热情,增强了民族自豪感。

案例四十九:调制与解调技术的应用

一、案例信息

所属课程:信号与系统
章节名称:调制与解调
授课教师:夏召强(副教授)

二、课程介绍

本课程是电子、通信、计算机、信息处理等电类专业本科生的一门重要的技术基础课程,在教学中具有承前启后、继往开来的作用,是学生合理知识结构的重要组成部分,有助于发展智力、培养能力和良好的非智力素质。主要内容包括信号与系统的基本概念、连续系统时域分析、连续信号频域分析、连续系统频域分析、连续系统的复频域分析、复频域系统函数与系统模拟、离散信号与系统时域分析、离散信号与系统 Z 域分析、状态变量法等。

三、案例教学目标

本案例的教学目标如下:
1. 知识目标:
(1)深刻理解频域系统函数的定义和物理意义;
(2)掌握调制与解调的基本原理与应用。
2. 能力目标:
(1)能够就电子信息类的复杂工程问题与业界同行及社会公众进行有效沟通和交流;
(2)具有自主学习和终身学习的意识,有不断学习和适应发展的能力。
3. 素质目标:具有社会责任感、人文素养、家国情怀,能够在工程实践中遵守职业道德。

四、案例思政目标

本案例的思政目标如下:
1. 宣传"航空航天"精神:通过对我国火星探测工程中数据传输技术的介绍,弘扬中国"航空航天"精神,帮助学生树立履行时代使命的责任担当,激发学生学习报国的理想情怀,助力正确的世界观、人生观和价值观的形成。
2. 培养爱国精神:通过与世界上其他航天大国火星探测计划的对比,弘扬中国特色社主义制度的优越性,激发学生的爱国热情,增强民族自豪感。

五、案例设计及实施过程

本案例在讲授完调制与解调一节的基本数学原理后,通过引入国家航天局公布的最新火星探测图像,介绍在探测任务中数据通信的关键作用,加深学生对调制解调系统在数据传输中重要作用的理解。同时,简要介绍各个航天大国在火星探测任务中的进展,对比突出我国火星探测任务从命名到技术实现过程中的中国特色,在受国外技术限制状况下进行独立自主研发、不怕失败反复尝试的航空航天精神。具体分为两个方面。

(一)宣传"航空航天"精神

在火星探测任务中,为保证天问一号的准确跟踪、探测卫星的状态监控以及火星降落后的数据传输,我国研发了发送调制信号深空通信系统。由于欧美等发达国家对我国航空航天技术的封锁,我国无法使用已有的MAVEN等中继卫星和深空通信网,因此我国利用佳木斯、喀什和萨帕拉(阿根廷西部)自主部署了深空站(见图1-69),各项技术指标达到国际先进水平,使我国成为第三个具有全球布站深空网的国家。在数据传输时,利用多个深空通信站向天问一号发射调制信号并接收解调信号,以实现大部分天域覆盖的有效通信,国内其他站点也参与了测控通信和有效载荷数据接收。

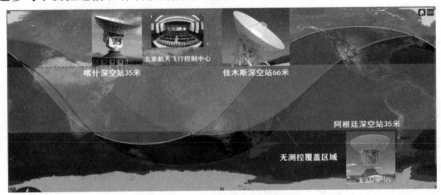

图1-69 我国深空探测站

(资料来源:https://baijiahao.baidu.com/s?id=1674178571622281088&wfr=spider&for=pc)

学生通过该案例的思政学习,对我国航天工作者的责任担当、独立自主的"航空航天"精神,都有了最深的体会和感染,对我国航天工作者在满足我国航天领域重大需求时的奉献精神也有了更好的了解。学生也对本课程中学习的知识有了更深刻的理解,对自己所在的领域有了更深的感悟,对所学知识的重要性有了深层次了解。

(二)培养爱国精神

通过对美、欧、俄、日、印在火星探测时的发展路径进行简要介绍,让学生以课堂研讨交流的形式谈谈自己的看法,对我国火星探测任务中的命名进行素材挖掘。然后教师进行点评和总结,并从我国与俄罗斯联合开发的"萤火虫一号"失败的案例和自主开发"天问一号"的成功案例进行对比说明。通过多个方面向学生系统阐述我国火星天策任务为什么能够成功的原因。从制度上来说,我国特色社会主义能够集中力量办大事,具有明显的制度优势;从组织上说,通过航天科技集团等国企的有效组织,保证大项目开发的人员投入和管理效率;从规划上说,通过"绕、落、回"三步走的科学规划,保证科学计划的正确执行;从技术上说,在遇到深空通信时的各种问题时,科研人员通过研制更新的设备和首创技术,保证任务的完成。

上述思政教学过程主要鼓励学生对比思考,加深学生对我国特色社会主义制度和科学发展理念的理解,培养学生的爱国热情,建立学生的文化自信和科技自信,激发学生报效祖国的理想情怀。

案例五十:无线电通信系统的构成

一、案例信息

所属课程:高频电子线路
章节名称:非线性电子线路作用
授课教师:张兆林(副教授)

二、课程介绍

本课程作为电类系统课程中的核心专业课程,具有重要的学科基础作用。课程主要介绍典型的无线通信系统的构成以及无线电信号传输原理、高频设备中电子线路的组成、原理和分析。课程包括谐振功率放大器、正弦波振荡器、振幅调制与解调、角度调制与解调等内容。主要介绍基本概念、基本原理和基本分析方法,培养学生分析问题和解决问题的能力。适用电子信息、微电子类专业。

三、案例教学目标

1. 知识目标:要了解无线电通信系统的组成框架和基本原理,高频电路是无线电通信设备的重要组成部分。
2. 能力目标:掌握高频电子线路利用非线性特性作用的应用背景,理解非线性器件的基本特点,进而了解非线性电子线路与线性电子线路相同和不同之处、分析方法的区别,以及应用场景。
3. 素质目标:初步建立系统的概念,学会从系统的角度认知无线电通信系统架构,培养学生的全局观。

四、案例思政目标

让同学们了解我军的无线电通信发展史,以及无线电通信技术在国防、战争中的重要性,对学生进行党史教育,学习红军战士艰苦奋斗、不畏牺牲的革命精神;对学生进行国防教育,了解无线电通信技术对国防建设和现代战争的重要作用,以及我们存在的差距,激发学生的学生热情,培养学生的爱国主义情怀。

五、案例设计及实施过程

案例设计与实施过程分四个阶段。

1. 课堂知识讲授。向学生讲授无线电通信系统的基本组成框架和基本原理。

2. 引入"半部电台"的故事。1930年12月30日,红一方面军在第一次反"围剿"龙岗战斗中,全歼了国民党军张辉瓒第18师,缴获半部电台(发信机损坏),只能收报,不能发报,就像一部电话只能接听,却打不出去。有10名通信人员自愿参加了红军。时隔4天之后的1931年1月3日,红军又全歼了国民党军谭道源第50师,这次缴获了一部完整的电台。以这一部半电台为基础,红一方面军组成了无线电队,人民军队从此有了无线电通信,如图1-70(a)所示。

对红军来说,这"半部电台"极其珍贵,以前,由于没有及时获取消息,许多战士为此付出生命,不久后,敌人向中央苏区发动第二次"围剿",红军靠着修复过的电台听到了敌军的行动方案,经过周密部署,捷报频频传来,电台立下了汗马功劳。1931年初,江西宁都县,第一期红军总部开设的无线电训练班正式开班。1935年11月,中国工农红军通信学校和红十五军团无线电训练班合并,"军委通信学校"正式成立(西安电子科技大学前身),从通信学校走出的2 000多名学员,构成了红军中最为隐秘的听风部队。

3. 现代战争中的电子战。现代战争,"得电磁者,得天下",经过几十年自力更生、艰苦奋斗,目前我军的无线通信装备、电子战装备已有了长足发展,但与美军还存在一定差距,如图1-70(b)所示。

4. 号召同学们刻苦学习,奋发图强,为我们国家建设牢固的电磁长城。

(a)

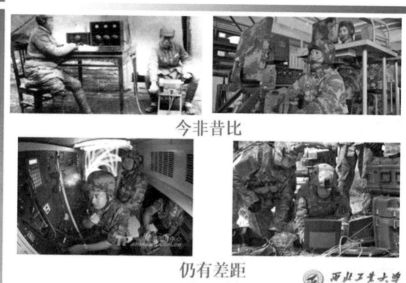

(b)

图1-70 我军的无线电通信技术发展

教学效果：理论联系实际，提高了同学们的学习热情，激发了大家的爱国情怀。

案例五十一：嵌入式处理器的发展

一、案例信息

所属课程：嵌入式系统设计
章节名称：嵌入式系统概述
授课教师：魏江（副教授）

二、课程介绍

本课程是信息类学科的专业课程，是电子技术和计算机技术相结合的、工程实践性和应用性较强的实践实训课程。本课程将嵌入式系统的理论知识和基于ARM Cortex-M3内核的STM32F103系列微控制器的实际开发相结合，主要内容包括嵌入式系统概念与开发流程、STM32F103微控制器结构、片上外设与应用、嵌入式系统应用设计实践。

通过本课程的学习，学生能够掌握嵌入式系统知识与开发步骤，并通过应用系统设计的实践操作，培养和提高学生面向嵌入式系统应用的分析问题、解决问题的能力，直接应用于智能电子产品设计、物联网应用、DSP应用、自动控制系统等方面。

三、案例教学目标

1. 知识目标：
(1) 了解课程的研究对象、知识体系。
(2) 掌握嵌入式系统的相关基本概念、开发环境、开发过程。
2. 能力目标：通过对嵌入式系统发展历史、分类、开发过程的学习，培养学生树立严谨、认真、刻苦、求实的学习、工作态度和创造性工作的能力。

四、案例思政目标

通过讲授单片机与嵌入式系统的发展引入我国民族科技企业奋斗和成长的范例，以华为海思在 SOC 等半导体与器件设计方面的不断进取和取得的成绩，激励学生的爱国情怀和创新意识，提高科学素养。

五、案例设计及实施过程

在介绍嵌入式处理器的 SoC 分类时，典型产品介绍华为海思的麒麟系列 SoC 芯片，如图 1-71 所示。

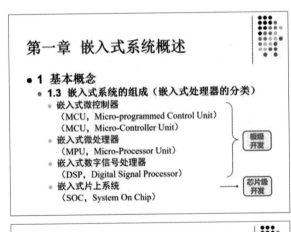

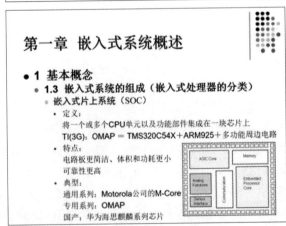

图 1-71 嵌入式系统的组成

(一)艰苦奋斗、开拓创新意识

在麒麟芯片推出之前,国内没有能够真正投入使用的手机处理器芯片,华为是开创者。华为第一个真正意义上的手机芯片 K3V2 发布于 2012 年,耗时了两年,是中国大陆首个四核心智能 CPU。

(二)坚持不懈,不断创新进取

K3V2 作为首款推出的芯片,性能低,功耗大,远不如同期的高通、联发科芯片,但是华为没有停步,总结经验和教训,持续自主研发,推出了麒麟系列芯片。也是因为拥有海思麒麟,华为才能快速占据市场制高点,并且成为中国手机行业的翘楚。麒麟旗舰芯片 9 系列的发展史如图 1-72 所示。

图 1-72 麒麟 9 系列芯片发展史

(资料来源:https://new.qq.com/rain/a/20210904a0b76h00)

· 麒麟 910(华为首款以"麒麟"为名的芯片、全球首款四核 SoC 芯片,首次集成华为自研的巴龙 Balong710 基带)

· 麒麟 920(集成自研第一款 LTE Cat.6 的 Balong720 基带,使用该芯片的荣耀 6 成为全球第一款支持 LTE Cat.6 的手机)

· 麒麟 930

· 麒麟 950(全球首款采用 16 nm 制程工艺的芯片,集成 Balong720 基带,首次集成自研双核 14 bit ISP,集成 i5 协处理器,集成自研的音视频解码芯片,Mate8 手机使用)

· 麒麟 960

· 麒麟 970[全球首款内置独立 NPU(神经网络单元)的芯片]

· 麒麟 980(业界第一枚台积电 7 nm 工艺的手机 SoC 芯片,集成两个 NPU)

- 麒麟990 5G（集成5G基带芯片巴龙5000，同时支持SA/NSA两种5G组网模式，全球首款旗舰5G SoC芯片）
- 最新的麒麟9000（5 nm的工艺制程）

(三)爱国情怀、民族自豪感

经过多年的努力，麒麟芯片从一开始不堪大用，逐渐成长为现在的顶尖手机芯片，综合性能与高通、三星等国际企业的顶级产品相抗衡。并且由于华为的坚持不懈，还研发了8系列、7系列、6系列等不同系列的手机芯片，还有鲲鹏系列（云计算处理器）、昇腾系列（AI处理器）等等，拓展了多种行业应用。

通过以上举例，激励学生的爱国情怀、民族自豪感，并提高创新意识，弘扬艰苦奋斗、坚持不懈的精神。

案例五十二：Python编码规范

一、案例信息

所属课程：Python程序设计
章节名称：Python基本语法
授课教师：张顺（副教授）

二、课程介绍

通过本课程的学习，使得学生能够理解Python的编程模式，熟练运用Python内置函数与运算符、列表、元组、字典、集合等基本数据类型以及相关列表推导式、切片等语法来解决实际问题，熟练掌握Python分支结构、循环结构、函数设计以及类的设计与使用，熟练使用正则表达式处理字符串，同时使得学生掌握不同领域的Python扩展模块并能够解决文件操作、大数据处理、图形图像处理、科学计算可视化等领域中的实际问题，同时还培养计算思维，通过训练学生的动手能力，为学生从事本专业的工程工作打下良好的计算机基础。

三、案例教学目标

本案例的教学目标如下。
1. 知识目标：
(1)掌握缩进规范、标识符命名规则；
(2)理解注释的使用。
(3)掌握表达式运算符计算顺序，以及圆括号的使用。
2. 能力目标：通过对Python程序编码规范等内容的介绍，掌握Python程序的基本语法规则，提高学生的专业技能和团队协作能力。

四、案例思政目标

本案例的思政目标如下：

1. 树立正确的技能观：努力提高自己的职业技能，为社会和人民做出贡献。
2. 培养学生的软件工匠精神：在潜移默化中培育社会主义核心价值观，提高综合职业素养，树立社会主义职业精神。
3. 做事先做人，凡事守规矩：在学校要遵守学校的各项规章制度和行为规范，毕业后要遵守单位的规章制度。任何时候都要遵纪守法，讲诚信。
4. 培养学生的团队协作精神和沟通交流能力：团队开发时，如果每个成员都遵循规范，可以大幅度提高开发效率，降低沟通成本。

五、案例设计及实施过程

本案例在实际教学中，是在介绍完 Python 编码规范专业知识教学的间隙，单独开辟出 5~10 分钟的时间，为大家讲述提高职业素养、行为合规、遵纪守法的重要性。

本案例分为两个阶段：

1. 通过对学院往届学生因严重违反学校制度而被开除的案例引出。

案例一：武汉某高校一名大三学生因失恋，便想报复社会泄愤。但生性胆小的他不敢采取暴力方式，就想到了做网络"黑客"。于是，他用自己掌握的计算机知识，专门找到挂靠政府网站较多的服务器，通过 ADSL 拨号上网的方式，非法侵入服务器，破坏政府网站。

案例二：1991 年出生的郑某原是广东一所高校计算机专业学生，如果没有这个案子，下个月他将本科毕业。郑某对计算机尤其是编程特别着迷，曾获全国计算机编程大赛三等奖和广东省计算机编程比赛一等奖。因为名声在外，经常有人找他提供计算机编程服务，其中就有木马代理商。有一次，康某通过木马代理商找到他，询问有没有一款网络游戏的木马，代理商还联系让他制作木马。郑某用了不到一星期，就把木马制作出来了。到案发前，郑某收取了四个月的技术费用，总共 5 200 元。

"我一开始根本没想到这是在犯罪。"郑某在法庭上说，自己家庭经济条件不好，母亲身体有病，他还有个妹妹在上高中，因此平时学费、生活费都要靠他勤工俭学来维持，他一直以为靠自己学到的计算机编程技术挣钱，也是在勤工俭学。

2. 给学生介绍任何人都要接受制度约束，成年人要学会为自己的行为负责，努力提高自身职业素养，做到行为合规，预防"天之骄子"违法犯罪。

职业素养是人类在社会活动中需要遵守的行为规范。职业道德、职业思想、职业行为习惯是职业素养中最根本的部分。引导学生在学习时注意程序的书写格式、变量与方法的命名方式、合理添加注释、合理规划程序工程文件，这些都是合格的软件开发从业人员的基本素质。引导学生注重职业道德，尊重他人的知识产权。平时未经同学允许，不随意拷贝他人的程序成果；工作后，不偷窥和复制同事的开发成果，不盗取公司的研发成果。使学生明确：职业素养是一个职业人的立身之本。在学生时代，就应该不断提升个人修养和思想道德水平，着力锻造良好的职业素养。

案例五十三：传感器原理与应用

一、案例信息

所属课程：传感器原理与应用
章节名称：超声波传感器的应用
授课教师：陈文会（副教授）

二、课程介绍

"传感器原理与应用"是电子信息工程专业的一门重要的专业课。本课程的教学重点是培养学生理解传感器工作原理及设计其信号调理电路的能力。重点讲述传感器的静态特性和动态特性、电阻式传感器和变电抗式传感器、某些有源传感器的传感机理和优缺点、调理电路及应用实例。

三、案例教学目标

通过案例的教学，使学生理解超声传感器的定义、性能指标、相关术语等基本概念；能正确分析超声波传感器的工作原理、基本特性及性能影响参数；知道常用传感器性能改善的各种措施以及传感器的标定方法，并能在解决实际工程问题中加以运用；能分析常用传感器在固体火箭发动机系统中的典型应用实例，能根据传感器应用的共性技术及工程使用方法，在设计测控系统或组织实验过程时正确选用传感器，并能解释其选择方法的多样性和局限性，评价其可行性。最终了解新型传感器的知识及传感器的发展方向。

四、案例思政目标

通过讲解传感器发展的历史，以及超声传感器对于固体火箭发动机的应用，使学生认识到我国在传感器发展初期的劣势以及现阶段的发展状况，从而培养专业认同感和深入学习专业知识的兴趣。通过讲解固体发动机结构的设计思想，使学生了解解决复杂工程问题的多种方法，以及分层次的思想在网络体系结构中的重要作用，从而使学生建立解决复杂工程问题的信心。

五、案例设计及实施过程

(一)固体火箭发动机燃烧过程

教学课件如图 1-73 所示。固体发动机的推进剂燃速和内绝热层性能是预测发动机弹道性能以及进行发动机设计的基本参数。随着高燃速和超低燃速推进剂的广泛应用，对推进剂的燃速测试提出了更高的要求。特别是，在点火试验的过程中，有必要连续测量推进剂的燃速。

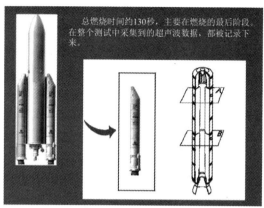

图 1-73 教学课件

(二)设计超声探头

在已知推进剂和内绝热层材料各自的声波传输速度以及内绝热层厚度的条件下,通过测试推进剂燃烧表面反射波的间隔时间,可计算出推进剂的瞬时厚度。再通过求解推进剂瞬时厚度对时间的导数,就可计算出发动机工作过程中的动态燃速。

教学课件如图 1-74 所示。超声传感器采用收发分置的结构模式,即其由发射单元和接收单元组成,相对于单个阵子既发射又接收,该传感器不需要转换电路和控制系统。其发声和声波接收单元采用不同的压电材料,可以有效提高发声效率和接收灵敏度。

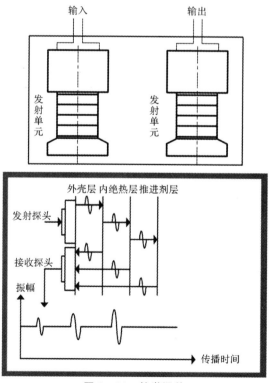

图 1-74 教学课件

超声波发射器发射的超声波经每层介质和介质的分界面都会产生反射回波,回波到达超声波接收器,接收器内部的压点晶体根据压电效应,再将回波转换为相应的电信号,再将电信号送至信号预处理模块进行处理。

(三)超声波传感器测量的信号处理算法

教学课件如图 1-75 所示。超声传感器发射的超声波经过燃烧面反射后,通过多个分界面到达接收点。经过燃烧面反射的信号,在传向接收点的过程中,也会在分界面上发生多次反射与透射,因此要对超声回波信号进行增强、去噪,可以有效地增强燃烧面的反射信号。

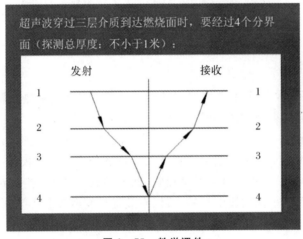

图 1-75 教学课件

案例五十四:综合航空电子系统

一、案例信息

所属课程:综合航空电子系统
章节名称:航空电子综合系统概述
授课教师:张建东(副教授)

二、课程介绍

"综合航空电子系统"是探测制导与控制技术专业本科生开设的专业教育必修课程。该课程从军用飞机装备的综合航空电子系统中,抽象出系统的共性特征和原理模型。根据系统的任务需求和功能划分,从系统顶层设计的角度,介绍了综合航空电子系统的基础理论、基本方法、基本组成和工作原理。通过该门课程的学习,学生能深刻理解和掌握综合航空电子系统的基本设计方法,理解工程需求,培养学生理论联系实际能力,提高分析问题、解决问题、独立工作的科研能力。

三、案例教学目标

本案例的教学目标如下：

1. 素质目标：培养学生航空报国，献身国防的精神。
2. 知识目标：
(1)学习综合航空电子系统的基础知识。
(2)了解飞机试飞的过程。
3. 能力目标：通过对综合航空电子系统基础知识及其发展历程等内容的介绍，使学生对综合航空电子系统有全面的认识。

四、案例思政目标

1. 培养学生忠诚报国的精神、实事求是的科学精神、敢为人先的创新精神、百折不挠的奋斗精神和团结合作的集体主义精神。
2. 培养学生的爱国热情，激发学生报效祖国的理想情怀。

五、案例设计及实施过程

（一）为国励志献航空

顾诵芬（见图 1-76）从小立志要保卫中国的蓝天，将来不再受外国侵略。1951 年，国家拿出"60 亿斤小米"建设航空工业，新中国航空工业艰难起步，这一年，21 岁的顾诵芬便将自己的一生与祖国的航空事业紧紧联系在了一起。他作为型号总设计师，组织和领导军地多个部门、上百个单位高效协同工作，仅用四年就实现了飞机首飞。军方评价，歼-8Ⅱ飞机是当时"我国空军装备的歼击机中最高档的机种，对改善空军装备、增强国防力量，具有重要价值和意义"，成为当时空海军的核心装备。2000 年，歼-8Ⅱ飞机获国家科学技术进步奖一等奖。

（二）为公忘我见真情

1969 年 7 月 5 日，歼-8 完成首飞。虽然首飞成功，但在跨音速飞行试验中出现了因气流分离导致的抖振问题。对于引起振动的原因，大家看法不一，顾诵芬大胆地提出通过观察歼-8 飞机飞行中贴于后机身和尾翼上毛线条的扰动情况来对症下药，他提出要亲自上天观察歼-8 飞机后机身流场。这对年近半百，又从未接受过飞行训练的顾诵芬来说有很大风险。而且因为姐夫黄志千逝于空难，他们家有一个约定：不再乘坐飞机。顾诵芬决心已下，瞒着爱人，登上了试飞员鹿鸣东驾驶的歼教-6 飞机。为了观察清楚毛线条的扰动，两机的距离和间隔都在 5 m 左右。这样的飞行对飞行员和顾诵芬来说是一种冒险。凭着他们足够的胆量和勇气，经过三次上天近距离观测，顾诵芬承受着巨大的身体负荷，终于找到问题症结，通过后期的技术改进，成功解决了歼-8 跨音速飞行时的抖振问题。杨凤田院士在《我心目中的顾诵芬》中写道,有一次顾总因为连日辛劳,不慎摔伤,伤势很重,昏迷不醒,连续抢救了7个多小时,睁开眼睛跟我说了一句话"(会)我去不了,你一个人去,到北京找老管(管德院士)",就又昏了过去。他一贯把事业和工作放在第一位,影响了一代又一代航空人。

图1-76 顾诵芬

(资料来源:https://view.inews.qq.com/a/20220305A03N6F00? startextras=undefined&from=amptj)

案例五十五:航空电子综合系统概述

一、案例信息

所属课程:综合航空电子系统
章节名称:绪论
授课教师:吴勇(教授)

二、课程介绍

综合航空电子系统是一个分布式计算机网络系统,是电子、控制与计算机技术在航空工程中的应用。本课程从军用飞机装备的综合航空电子系统中,抽象出系统的共性特征和原理模型,从系统顶层设计的角度,系统地介绍了综合航电系统的基础理论、基本方法、基本组成和系统工作原理。通过该门课程的学习,期望学生能深刻理解和掌握综合航空电子系统的组成、原理和基本设计方法,了解工程应用的需求,培养学生理论联系实际的能力。

三、案例教学目标

本案例的教学目标如下:

1. 知识目标：

(1)学习综合航空电子系统的基础知识。

(2)了解综合航空电子系统的发展过程。

2. 能力目标：通过对综合航空电子系统基础知识及其发展历程等内容的介绍,使学生对综合航空电子系统有全面的认识。

四、案例思政目标

通过CCTV7中国战机节目播放歼-8Ⅱ战斗机发展历程引发的思考,激发学生的爱国热情,增强民族自豪感,帮助学生树立履行时代使命的责任担当,激发学生航空报国的理想情怀,助力正确的世界观、人生观和价值观的形成,切实理解"祖国终将选择那些忠诚于祖国的人,祖国终将记住那些奉献于祖国的人!"

五、案例设计及实施过程

歼-8Ⅱ战斗机发展初期,航空电子系统是一大瓶颈。近期CCTV-7中国战机节目播放歼-8Ⅱ战斗机发展历程。可以说,歼-8Ⅱ(见图1-77)战斗机发展历程很大程度就是国产航空电子系统发展史,它见证了国产航空电子系统从弱到强的发展历程,也见证了中国航空人的艰苦奋斗历程。

图1-77 歼-8Ⅱ战斗机

(资料来源:http://mms1.baidu.com/it/u=1944939720,738185371&fm=253&app=138&f=JPG? w=499&h=266)

20世纪80年代,中国空军决定研制歼-8Ⅱ战斗机。该机最大特点就是采用两侧进气,腾出机头空间,用来安装机载雷达和航空电子系统,让战斗机具备昼夜全天候作战能力,能够超视距空战,可以下视/下射目标。不过当时国内航空电子系统水平较低,电子工业基础薄弱,一时难以提供这样的航空电子系统,例如脉冲多普勒雷达在当时还是空白。因此空军和航空工业决心采取两步走的方针,第一步突破超视距空战,然后再具备下视下射能力。

考虑到国内技术现状,国产新一代航空电子系统起步的时候,仍然采取比较稳妥的方针。系统采用 ARNIC429 数据总线(国内称之为 HB6096 数据总线),而不是 1553B 数据总线。ARNIC429O 是一种单向低速数据总线,能够联接设备比较有限,当然技术难度相对较小。国产新一代航空电子系统第一套系统装备在歼-8Ⅱ(02)批上面,它采用 HB6096 数据总线,以机载火控计算机为核心,系统联接设备包括机载雷达、惯导系统、大气数据计算机、数据链/通信系统、外挂管理系统等等,初步实现数据综合处理和显示。机载雷达改装 208A 雷达,带连续波照射器,武器换装 PL-11 中距空空导弹。座舱换上了多功能显示器、平显火控系统,改善了人机工程,提高了飞行员获取态势信息的能力。配备国产新一代航空电子系统,歼-8Ⅱ(02)批成为国产第一种具备超视距空战能力的战斗机,该机在 1995 年设计定型,后来改称为歼-8B 战斗机。歼-8B 交付部队,填补了国产作战飞机空白,解决了部队急需超视距战斗机的问题

为了加快国产航空电子系统发展,尽快向空军提供先进战斗机,20 世纪 80 年代,我们从美国引进了 F-16 战斗机航空电子系统配备歼-8Ⅱ战斗机。根据外界资料,美方出售的航空电子系统相当于 F-16A/B(OCU) 的水平,采用单条 1553B 数据总线,以机载火控计算机为中心,座舱包括平显、一个多功能显示器和一个电子飞行仪表系统。当时美方已经研制成功 F-16C/D 战斗机,后者航空电子系统采用多条 1553B 数据总线,以任务计算机为核心,座舱采用衍射平显加 2 个多功能显示器。

但是,美方对于出售给中国航空的电子系统进行了非常大的技术限制,不提供关键技术参数,不开放软件,甚至深层次维护保障都要由美方人员来进行。在这种情况下,中国相关单位认为引进技术固然重要,自行研制才是根本,为此在 1987 年启动了国产新一代航空电子系统第二代系统研制项目,这就是 873 系统。873 系统技术水平瞄准 F-16C/D 战斗机航空电子系统,采用 1553B 数据总线(国内称之为 GJB289A 数据总线)为骨干,以任务计算机为核心,系统设备包括显控计算机、大气数据计算机、数据传输分系统和外挂管理系统等等,座舱采用雷达显示器和多功能显示器、平显火控系统,实现玻璃化座舱。

经过 601 所和沈飞公司技术人员不懈的努力,873 系统在 1993 年成功装机试飞,标志着中国已经掌握第三代战斗机航空电子系统技术,此后国内技术人员又在继续推进 873 系统技术发展,用光纤数据总线替代了电缆,将显示控制系统综合进任务计算机,从而为四代战斗机航空电子系统积累了初步的经验。另外 相关单位也在积极推进 873 系统技术运用,歼-8Ⅲ战斗机(后来改称歼-8C)航空电子系统就源自 873 系统。它是中国第一种配备 1553B 数据总线、玻璃化座舱的战斗机。尽管歼-8Ⅲ战斗机后来因故下马,但是国产航空电子系统技术进步已经不可阻挡。

歼-8Ⅲ战斗机下马之后,空军和航空工业决心利用它的技术成果对于歼-8Ⅱ战斗机进行升级,其中就包括航空电子系统。改进后的战斗机就是歼-8H,它配备了歼-8Ⅲ战斗机的机载火控雷达、简化航空电子系统,武器换装 PL-11 中距空空导弹,是歼-8Ⅱ第一种具备下视/下射能力的战斗机。

20 世纪 90 年代,国产 PL-12 主动雷达制导空空导弹立项研制,为了配合 PL-12 研制,利用歼-8Ⅲ战斗机航空电子系统,改装了 PL-12 导弹试射飞机。它配备了改进型机载

火控雷达,探测距离更远,具备多目标攻击能力,座舱采用平显火控系统和两块多功能显示器,实现玻璃化座舱,还能支持头盔显示/瞄准具运用。在试验过程中,空军认为PL-12导弹试射飞机性能优异,完全可以作为主战飞机运用,因此将它命名为歼-8F战斗机,成为2020年之前空军主战飞机。

至此,歼-8Ⅱ战斗机航空电子系统已经跃居到第三代战斗机水平,有力提高了飞机作战能力,也为国产第四代战斗机航空电子系统的研制打下了坚实的基础,积累了宝贵的经验。今天,航空电子系统不再是国产战斗机的瓶颈,已经成为国产战斗机力量提高的倍增器。

案例五十六:通信信号处理课程中的思政元素穿插

一、案例信息

所属课程:通信信号处理
章节名称:绪论
授课教师:李京华(教授)

二、课程介绍

本课程属于通信工程与电子信息类专业的重要专业理论课程。主要介绍现代无线信息传输与现代通信信号处理技术中具有代表性的理论、方法及应用,内容主要包括通信中的随机信号分析方法、自适应滤波算法、通信信道均衡、阵列信号处理理论与自适应阵列信号处理算法。通过本课程的学习,学生可以掌握通信信号的描述形式、无线传输信道的特征和模型,掌握通信信号的时域、频域、空域处理方法,跟踪通信信号处理的发展趋势和技术动态。

三、案例教学目标

本案例的教学目标如下:

1. 知识目标:概述性地阐述通信信号处理的内涵、发展背景和应用范围,介绍课程学习的方法和要求、通信信号分析与处理的基本概念、技术和方法,与后续的课程内容相结合构成关于通信信号、系统的信号分析与处理的完备知识结构,为培养通信与电子信息类专业人才奠定基础。

2. 能力目标:帮助学生在今后的学习和研究中,了解通信领域前沿的技术和理论以及国内外研究现状,通过对通信技术的发展历程进行自主学习,培养学生解决实际的信号处理和其他工程应用问题的能力。

3. 素质目标:培养具有科学素养、职业素养、正确价值观和通信专业使命感的人才。

四、案例思政目标

培养学生具有：

1. 理论与实际工程结合的意识；
2. 实事求是、求真务实的科学精神；
3. 精益求精的工匠精神。

五、案例设计及实施过程

案例设计及实施过程如表1-2所示。

表1-2 案例设计及实施过程

章 节	授课形式	教学内容	授课要点	课程思政要素
第一章 绪论	讲课、穿插播放华为5G技术宣传片视频、布置作业后进行课堂讨论	介绍通信的基础知识、通信信号处理的内涵、发展背景和应用范围，介绍课程学习的方法和要求。 布置作业： 从5G与4G比较、5G网络框架、5G的关键技术、5G系统优势与难点等方面论述5G无线移动通信技术	1. 通信系统概述，包括：通信系统组成，通信系统的性能度量； 2. 通信信号处理概述，包括：无线通信技术的发展、通信系统中信号的特点、通信信号处理的主要研究内容、通信信号处理的新进展	1. 弘扬中国在移动通信、卫星通信、量子通信领域的标志性成就，加强学生的民族自豪感和专业自信心； 2. 通过技术指标有效性和可靠性的相互制约关系的讲解，引导学生辩证思维的意识； 3. 通过无线通信技术的发展史、通信信号处理新进展的讲解，强调要求学生这些技术的不断发展和技术的新进展是与求真务实的科学创新精神、精益求精的工匠精神分不开的

第二章 哲学元素

案例五十七：从微观到宏观，提高辨识力

一、案例信息

所属课程：电磁场与电磁波（英）
章节名称：电磁场基本理论
授课教师：赵惠玲（教授）

二、课程介绍

"电磁场与电磁波"是电子信息和通信等电子类专业的一门重要的必修专业核心基础课。该课程是后续专业基础课程"微波技术与天线"，专业课"微波电子线路""微波测量"等学习的基础。

通过该课程的学习，使学生对宏观电磁场与电磁波的基本概念和规律有深入完整的理解，掌握麦克斯韦方程组的含义及其应用，了解媒质的电磁特性及电磁边界条件，学会定量计算简单电磁场和电磁波问题的基本方法，具备对简单工程电磁问题的分析能力。

三、案例教学目标

通过本章节极化和磁化的学习，实现下述教学目标：
1. 理解电场中电介质的极化现象；
2. 理解磁场中磁介质的磁化现象。

四、案例思政目标

通过对微观现象的分析，把材料的特性用宏观物理量表示，其过程的理解锻炼学生的理解力和辨识力。

五、案例设计及实施过程

电介质材料的分子可以分为无极分子和有极分子，在外界电场作用下会分别发生位移极化和转向极化，导致材料中出现束缚电荷，进而影响材料内部电场的大小。为更好地理解这一微观过程，制作动画，形象展示这一过程。在讨论微观过程导致的宏观效应时，分析一

微体积元内单个分子所产生的影响,用图示说明,略去烦琐的公式推导,使学生理解宏观参数背后的微观过程,锻炼学生的理解力和辨识力。

案例五十八:东方不亮西方亮,黑了南方有北方

一、案例信息

所属课程:电路基础
章节名称:电路的基本概念
授课教师:尹熙鹏(副教授)

二、课程介绍

西北工业大学"电路基础"课程以国家级教学名师为课程负责人,以国家级教学团队为主讲教师,以国家级精品课程为基础,已成为国家级一流线上课程"电路基础"的重要组成部分。课程介绍了电路的基本规律与分析计算方法。该课程是高等学校电子与电气信息类专业的重要基础课,对培养学生的科学思维能力、分析计算能力、实验研究能力和科学归纳能力都有重要的作用。

三、案例教学目标

通过毛主席的名言"东方不亮西方亮,黑了南方有北方",使学生进一步理解电路分析中的参考方向选择的任意性。

四、案例思政目标

通过毛主席的名言"东方不亮西方亮,黑了南方有北方"中所蕴含的哲学思想,激励学生要有坚持不懈解决问题的奋斗精神。

五、案例设计及实施过程

讲解毛主席的名言"东方不亮西方亮,黑了南方有北方",使学生意识到电路分析中的参考方向选择的任意性,同时要有坚持不懈解决问题的奋斗精神。

案例五十九:打破壁垒,勇攀高峰

一、案例信息

所属课程:电路基础
章节名称:电路基本分析方法
授课教师:尹熙鹏(副教授)

二、课程介绍

西北工业大学"电路基础"课程以国家级教学名师为课程负责人,以国家级教学团队为主讲教师,以国家级精品课程为基础,已成为国家级一流线上课程"电路基础"的重要组成部分。课程介绍了电路的基本规律与分析计算方法。该课程是高等学校电子与电气信息类专业的重要基础课,对培养学生的科学思维能力、分析计算能力、实验研究能力和科学归纳能力都有重要的作用。

三、案例教学目标

使学生意识到吸收新知识、掌握新理论的重要性。

四、案例思政目标

讲解李四光院士的名言"一些陈旧的、不结合实际的东西,不管那些东西是洋框框,还是土框框,都要大力地把它们打破,大胆地创造新的方法、新的理论,来解决我们的问题",让创新意识在学生的学习过程中萌芽。

五、案例设计及实施过程

利用教学课件(见图 2-1)讲解李四光院士的名言"一些陈旧的、不结合实际的东西,不管那些东西是洋框框,还是土框框,都要大力地把它们打破,大胆地创造新的方法、新的理论,来解决我们的问题",使学生意识到吸收新知识、掌握新理论的重要性,让创新意识在学生的学习过程中萌芽。

图 2-1 教学课件

案例六十:不畏艰难,持于钻研

一、案例信息

所属课程:电路基础

章节名称:正弦稳态电路

授课教师:尹熙鹏(副教授)

二、课程介绍

西北工业大学"电路基础"课程以国家级教学名师为课程负责人,以国家级教学团队为主讲教师,以国家级精品课程为基础,已成为国家级一流线上课程"电路基础"的重要组成部分。课程介绍了电路的基本规律与分析计算方法。该课程是高等学校电子与电气信息类专业的重要基础课,对培养学生的科学思维能力、分析计算能力、实验研究能力和科学归纳能力都有重要的作用。

三、案例教学目标

告诉学生本章学习的内容比较多,希望大家不要有畏难情绪。

四、案例思政目标

引用颜之推的名言"天下事以难而废者十之一,以惰而废者十之九",让学生意识到只要肯下决心去做,任何困难都能克服。做事的时候只要不懒惰、肯坚持就没有绝对的困难,继续钻研肯定会成功。

五、案例设计及实施过程

利用教学课件(见图2-2),讲授颜之推的名言"天下事以难而废者十之一,以惰而废者十之九",告诉学生本章学习的内容比较多,希望大家不要有畏难情绪。让学生们意识到只要肯下决心去做,任何困难都能克服。做事的时候只要不懒惰、肯坚持就没有绝对的困难,继续钻研肯定会成功。

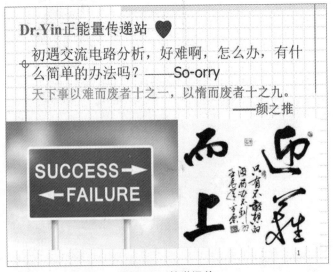

图2-2 教学课件

案例六十一：对待科研的热情与持之以恒的精神

一、案例信息

所属课程：深度学习加速器设计与实现
章节名称：神经网络与后向传递
授课教师：张冠文（副教授）

二、课程介绍

深度学习是机器学习研究中一个新的领域，其本质是利用人工神经网络建立和模拟人脑的分析行为机制，用以理解视觉、语音及文字等数据信息。本课程从数学工具和机器学习等深度学习基本概念出发，结合计算机视觉等具体应用问题，着重介绍深度神经网络特别是深度卷积神经网络工作原理及作用机制、深度学习加速器的设计与实现，讨论深度学习具有前瞻性的方向和想法，突出深度学习技术特征的学习与模式识别能力，强调深度学习技术解决应用问题技术与方法。

三、案例教学目标

理解与掌握计算图的定义与概念；理解与掌握利用计算图形式化描述计算的方法与一般解题过程；理解与掌握如何根据计算图结构计算并传导梯度；了解激活函数的生物学意义；理解与掌握 sigmoid、tanh、ReLU 等激活函数的函数图像、计算方式、导数梯度形式。重点掌握内容：神经网络的结构与计算方法；神经网络梯度计算方法与梯度传导方法；神经网络权重根据梯度信息更新方法。

四、案例思政目标

利用教学课件（见图 2-3），讲解神经网络后向传递方法（Backpropgation，BP）的发展历程，介绍 G. Hitton 等研究学者在人工神经网络、深度学习领域的研究工作，使学生明白科研需要持之以恒，需要耐得住寂寞，需要甘愿坐冷板凳，培养学生的科研精神，激发学生科研的热情。

五、案例设计及实施过程

正式授课前，回顾前述章节内容：视觉问题的研究方法、解决视觉任务的一般处理流程，引入利用人工神经网络等端到端的机器学习方法；回顾神经学习的发展历程，并讨论 20 世纪 90 年代人工神经网络研究进入低谷的主要原因；并介绍当时人工神经网络研究人员在学术界的糟糕境遇。

图 2-3 教学课件

利用教学课件（见图 2-4），讲授神经网络后向传递方法（BP），重点讲解神经网络的结构与计算方法、神经网络梯度计算方法与梯度传导方法、神经网络权重根据梯度信息更新方法。完成授课内容后，回顾 BP 的提出与应用历程，介绍 G. Hitton 在深度学习发展过程中的重要研究成果，即使深度学习遭到巨大非议时仍然坚持不懈，通过一系列研究成果推动深度学习重新兴起，并最终获得图灵奖。使学生通过案例学习，感受科研过程的艰辛与不易，坚定学生对待科学热情与持之以恒的精神。

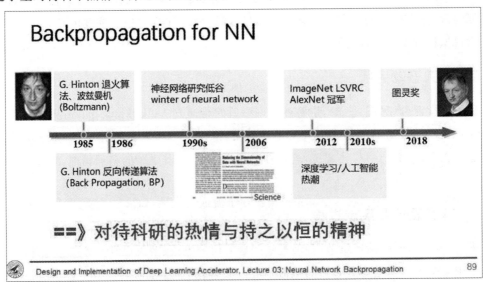

图 2-4 教学课件

案例六十二:理论联系实际:生活中的伯努利原理

一、案例信息

所属课程:航空飞行器导论
章节名称:飞机运动方程
授课教师:高晓光(教授)、李波(副教授)、万开方(助理研究员)

二、课程介绍

航空飞行器导论是以空气动力学、飞行力学等理论为基础,从系统工程的角度对飞机、导弹等军用飞行器相关原理及应用知识进行介绍的一门专业基础课程。本课程通过向学生系统地讲述飞机、导弹的系统组成及飞行控制原理,使学生对常用军用飞行器相关知识有一定的了解和掌握,能够对飞机、导弹的导航、制导与控制过程进行建模与分析,为进一步学习和研究其他专业课程内容打下基础。

本课程适用于探测制导与控制专业。

三、案例教学目标

通过对"航空飞行器导论"课程第 2 章"飞机运动方程"的学习,实现下述教学目标:
1. 掌握坐标系的定义及转换关系;
2. 掌握飞机升力产生的两个定理:连续性定理和伯努利原理;
3. 理解飞机动力学方程的建立方法。

四、案例思政目标

1. 深刻理解理论联系实际是马克思主义的理论品质,是中国共产党的三大优良作风之一;
2. 培养学生理论联系实际的科学学习方法,增强学生对马克思主义理论基本原理的理解和应用。

五、案例设计及实施过程

丹尼尔·伯努利在 1726 年首先提出:"在水流或气流里,如果速度小,压强就大;如果速度大,压强就小"。上述原理被称为"伯努利原理"。

教学过程中,在讲述伯努利原理之后,引导学生思考生活中的哪些现象可以用伯努利原理来解释,如"列车安全线""大风掀翻房顶""船吸现象""喷雾器""飞机飞行",球类运动中的"香蕉球""弧圈球"等都与伯努利原理有关,如图 2-5 所示。

学生通过该案例的思政学习,体会学习知识要活学活用,应用理论知识解释生活中各种现象的趣味性和深刻性,引导学生关注生活中的科学问题,增强学生在各种实践活动中发现问题、分析问题和解决问题的能力。

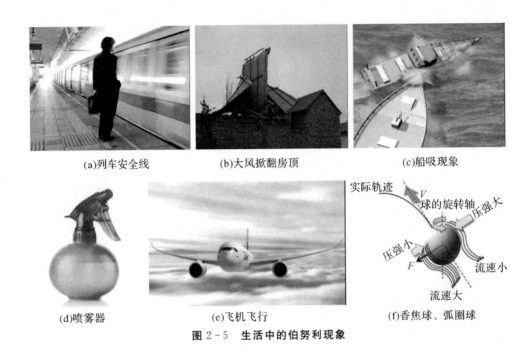

图 2-5 生活中的伯努利现象

案例六十三:从辩证唯物主义看中国经济发展

一、案例信息

所属课程:随机信号分析(英)
章节名称:平稳随机过程和各态历经随机过程
授课教师:侯静(副教授)

二、课程介绍

"随机信号分析"课程是随机理论的重要组成部分,是电子信息类学科学生所必须掌握的专业核心课。主要讲解随机变量和随机过程的基本概念、随机过程及平稳随机过程在时域(相关)和频域(功率谱)中的定义和性质、随机信号通过线性系统和非线性系统的分析方法、以通信与电子信息领域中的实际应用为背景的常用的窄带随机过程的一些性质和应用,同时引入工程应用实例和随机信号的计算机仿真技术,并介绍高阶谱等随机信号处理的新理论、新技术。

三、案例教学目标

通过第 8.3 节"平稳随机过程和各态历经随机过程"教学,实现下述教学目标:

1. 理解随机过程的平稳性的定义及其分类;
2. 熟练掌握根据随机过程的矩函数对其平稳性进行判断的方法;
3. 深刻理解各态历经随机过程的定义、特点及其意义。

四、案例思政目标

1. 坚定学生对国家的大政方针、科学发展理念的认同,增强国际视野,满怀爱国热情,勇担民族复兴使命,发扬时代精神。
2. 对学生进行了辩证唯物论的教育,培养学生抓住主要矛盾的科学思维方式,帮助学生树立正确的世界观、人生观和价值观。

五、案例设计及实施过程

本章节的思政教学,在章节讲述的中间段,在完成狭义平稳随机过程的定义与判定方法的讲述后,提出利用概率密度函数的方法进行平稳性的判定太过烦琐,难以在实际中应用。因此引出了简化处理——提出了广义平稳随机过程的定义和判定方法,引导学生认识到化繁为简、抓住主要矛盾的唯物辩证的思维方式。

进一步引导学生认识我国当前社会经济形势和国家大政方针。当前,保护主义上升、世界经济低迷、全球市场萎缩,国际环境日趋复杂,不稳定性不确定性明显增强。但我国经济长期向好的基本面没有改变。我们要认识到发展是解决我国一切问题的基础和关键。越是形势复杂严峻,越要保持战略定力,坚持新发展理念,稳住实体经济这个基本盘,推动高质量发展行稳致远。

同时,引导学生认识到他们当前的主要任务就是脚踏实地学好专业知识,多给生活做减法。

案例六十四:人生需要不断修正偏差

一、案例信息

所属课程:自动控制原理1
章节名称:稳态误差计算
授课教师:曹菊红(讲师)

二、课程介绍

本课程主要学习自动控制原理的基本概念和自动控制系统分析、设计(校正)的基本原理与方法。主要内容包括经典控制论中线性定常系统的时域分析法、根轨迹法和频率响应法,以及线性系统的校正方法,并学习部分离散控制系统和非线性控制系统分析的基本原理与方法。通过课程的理论学习和实践环节,使学生具备控制工程领域最基本的概念和常识,掌握常用的控制系统的分析与设计的理论与方法。

三、案例教学目标

充分理解误差和稳态误差的概念、求法以及减少或消除稳态误差的方法。同时，基于负反馈工作原理，误差信号构成系统的控制量或者控制量的主体，准确感知和测量误差是自动控制系统能够正常工作的基础。作为一个个体的人，也是一个复杂的自动控制系统，也需要具备不断找到偏差并修正偏差的能力。

四、案例思政目标

本案例可以提醒学生多接触社会，多参与社会活动，多思考多实践，在日常的学习和生活中，多留心新的、美好的、先进的事物和思维模式，主动学习和修正自己的不足之处。同时，要勇敢面对自己的不足，摆脱羞耻感，因为作为一个控制系统，寻找偏差并不断修正本身就是这个系统活力的源泉。

五、案例设计及实施过程

这个案例的设计是基于一次课内实验，实验结束后，有的学生组的实验台收拾得很整洁，有的组连设备电源都没有关就离开了。笔者就在随后讨论稳态误差的章节加入这样一个思政案例，重点不在于批评或表扬，而是结合误差和负反馈控制的概念讲到一个人需要不断地找到偏差并加以修正才能不断成长。举了两个例子，一个是在扶梯上尽量靠右以方便有急事的人从左侧快速通过，另一个是在公众场所推开大门后如果身后有人，要稍加等待以免让门撞到后面的人。

这样的教学方式效果还是挺好的，至少实验课后实验台整洁多了。

案例六十五：孤掌难鸣与众志成城

一、案例信息

所属课程：自动控制原理1
章节名称：数学模型
授课教师：曹菊红（讲师）

二、课程介绍

本课程主要学习自动控制原理的基本概念和自动控制系统分析、设计（校正）的基本原理与方法。主要内容包括经典控制论中线性定常系统的时域分析法、根轨迹法和频率响应法，以及线性系统的校正方法，并学习部分离散控制系统和非线性控制系统分析的基本原理与方法。通过课程的理论学习和实践环节，使学生具备控制工程领域最基本的概念和常识，掌握常用的控制系统的分析与设计的理论与方法。

三、案例教学目标

了解微分方程建立和非线性方程线性化的方法,熟练掌握传递函数的概念、定义、性质及局限性,明确传递函数与微分方程之间的关系。

熟悉常用元部件的传递函数,明确系统常用的传递函数形式,学会由系统微分方程建立系统结构图。

熟练掌握用拉普拉斯变换方法求解线性常微分方程的方法;熟练掌握利用结构图等效变换和梅逊公式求系统传递函数的方法。

四、案例思政目标

通过介绍数学模型的建立与工程实践问题之间的关系,引导学生养成辩证唯物主义思想观,注重发掘不同事物之间的内在联系;数学模型的建立由数学家们完成,而控制工程领域的参与者大多是工程师,由此引导学生认识到多学科合作的重要性,进而在个人成长中能够更加深入地理解团队合作以及高效沟通的重要性。

五、案例设计及实施过程

在数学模型概念引入时,引导学生从辩证唯物主义角度去理解事物之间的内在联系,一个看似抽象的数学表达式却可以替代一个实实在在的控制系统,这两个似乎风马牛不相及的事物之间存在着共性。而数学模型的建立和控制系统的构建使用通常是两类不同的科学家或者工程师人群,正是由于他们的交叉融合共同奠定了控制理论的基础。

这样一些哲学和社会学方面的简单思考,达到了润物细无声的效果,使得相对枯燥和抽象的数学模型更容易被学生接受,在达到教学目标的同时,担当了"育人"的使命,巧妙地把课程思政内容和教学内容完美地融合在一起,课堂效果很好。

案例六十六:谱写人生最美篇章

一、案例信息

所属课程:信号与系统
章节名称:抽样定理与信号传输
授课教师:李辉(教授)

二、课程介绍

信号与系统是电子、电类、信息类专业本科生的核心技术基础课程。本课程的思政建设方向是:①强化团队建设。以名师工作室、教学组织示范点为引领,建立跨专业、跨年龄段的课程团队,积极参加相关培训和示范交流,努力提高自身修养。②深挖思政元素。将西工大现象、大国重器、科学家精神引入课堂,将马克思主义哲学的世界观和方法论融入课堂。③优化教学过程。将最新科研成果转化为教学内容,强化教学内容综合性与应用性并重,探索教学新方法,改进考核评价模式,培养学生的思辨能力、科学精神等。

三、案例教学目标

1. 理解限带信号与抽样信号的概念;
2. 理解理想抽样和自然抽样的内容;
3. 掌握奈奎斯特时域抽样定理;
4. 理解信号的调制与解调的意义。

四、案例思政目标

1. 科学的思想观与价值观;
2. 人生无法复制,在最灿烂的年华谱写最美的篇章;
3. 培养家国情怀。

五、案例设计及实施过程

1. 信道复用是一种通过共享带宽,最大限度提高频谱效率和用户体验的并行传输技术。其中,频分复用可以将载波带宽划分为若干子信道并行传输信号;时分复用将信道总传输时间划分为若干时隙并行传输信号。

复用技术的产生有效解决了频谱资源匮乏问题,但人类有限的生命只有一次,无法复制和回头。

(1)警醒学生珍惜当下的学习时光,充分规划好每一寸光阴,像信道复用技术提高频谱效率一样,将自己的人生发挥至最大价值。

(2)复用技术的思想可以启发学生的创新意识和团队协作能力。例如:当同学们接到一项科研任务或创新设计时,能否利用频分复用和时分复用思想将任务分时分领域的模块化给团队每一位成员,既提高了团队成员的创新意识,又提高了成员之间的协作能力。

(3)鼓励学生多思考、勤动手、善于发现身边的科学知识和自然规律,有助于祖国未来通信事业的快速发展。

2. 1991年的海湾战争、1993年的银河号事件、2003年的伽利略事件,均表明中国只有建立自己的卫星导航系统才不会受人欺负。在2020年6月23号,中国北斗三号卫星导航系统星座部署的全面建成,极大地振奋了人心,鼓舞了士气,为国家安全提供了更严格的保障。因此,在今后的学习和工作中,应继续弘扬和壮大"新时代北斗精神",为祖国的强大贡献力量。

3. "中兴和华为事件"同样启发我们只有拥有自己的核心技术,才不会受制于人。没有核心技术的企业是没有灵魂的,终究有一天会被人"卡脖子"。只有自主创新才能实现科技兴国,科技强国,才不会将企业或国家的命运掌握在别人手里,才能使国家在国际地位上有话语权。

案例六十七:掌握转换思维方法 另辟蹊径求解难题

一、案例信息

所属课程:数字电子技术
章节名称:逻辑代数—三大定律
授课教师:谢红梅(副教授)

二、课程介绍

该课程是电子信息类专业学生的专业基础课,具有工程性和实践性强的特点。课程包括数字电路和脉冲电路两部分,以数字电路为主,主要内容包括晶体管的开关特性和应用、数制与码制、逻辑代数、逻辑门、组合逻辑、集成触发器、时序逻辑、脉冲波形产生与变换、半导体存储器、可编程逻辑、数/模和模/数转换等。本课程的主要任务是,通过该课程的学习,使学生熟练掌握数字电子技术的基本理论、分析和设计方法,重点掌握常用中、大规模集成电路的特点和功能,在牢固掌握常用集成电路分析方法的基础上、培养学生灵活应用和综合设计的能力,进一步掌握可编程逻辑器件等大规模器件的原理、功能和应用。

三、案例教学目标

应用本案例的专业教学内容要达成的素质目标、知识目标及能力目标:
1. 认识转化问题域在求解困难问题中的重要性和必要性;
2. 掌握解决数学和工程问题的转化思维和方法并能够在实际学习和工作中使用。

四、案例思政目标

本案例实施后能够达到的思政育人的效果:
1. 思政主题:转换思维方式的培养,换个思路解决问题。
2. 效果:培养学生转换思维和创新思维意识,敢于碰难题,善于求难题,完成从不能到能的素质培养。当你感觉"山重水复疑无路""黔驴技穷"时,换个角度和思路想一想,可能就"柳暗花明又一村"了。推而广之,对未来人生道路可能出现的挫折也要始终保持积极乐观的态度,换个角度去面对和解决问题。

五、案例设计及实施过程

对于逻辑代数的加对乘的分配律的求证,可以转化为乘对加的分配律及乘的包含律和对偶定理的结合应用来获得。

对于加法的包含律等的求证,可以转化为包含律和对偶定理的结合应用来获得。

转换思路求解难题授课流程如图2-6所示。

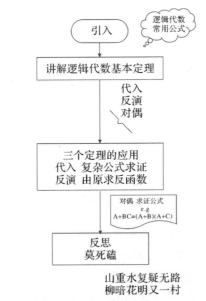

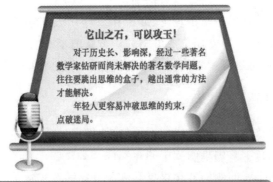

图2-6 案例设计和教学过程

通过嵌入式思政教学过程设计,达到了培养学生转化思维的效果。

案例六十八：二进制数字调制系统的性能比较

一、案例信息

所属课程：通信原理
章节名称：数字信号的频带传输
授课教师：林文晟（副教授）

二、课程介绍

"通信原理"全面介绍现代通信系统的基本原理、基本性能和基本分析方法，既有很强的理论性和系统性，又有很强的工程性和实践性。通过本课程的学习，使学生掌握通信原理的基础知识和基本技术，掌握通信系统一般问题的分析方法，具备一定的分析和解决通信系统设计中的工程实践问题的能力，为后续相关专业课程的学习打下坚实的基础。在通信原理课程建设过程中，课程组充分结合中外科技竞争的鲜活案例，挖掘、发挥课程自身所蕴含的思政教育元素，培养学生的家国情怀，激发学生追求卓越、引领未来的奋斗精神，达到课程思政的教学成效。

三、案例教学目标

本案例的教学目标如下：
1. 知识目标：
(1)理解相干解调、非相干载波误码率计算的异同。
(2)掌握 2ASK、2FSK、2PSK、2DPSK 的误码率计算公式。
2. 能力目标：通过对 2ASK、2FSK、2PSK、2DPSK 系统的性能比较，培养学生归纳总结、探索规律的能力。

四、案例思政目标

本案例的思政目标如下：

不忘初心，牢记使命：通过将 2ASK、2FSK、2PSK、2DPSK 的误码率公式总结成规律，借用"不忘初心，牢记使命"作为口诀，帮助学生记忆公式的同时，加深"不忘初心，牢记使命"的印象。

五、案例设计及实施过程

本案例实施过程分为以下两个阶段：
1. 不忘初心：在二进数字制调制中，同一种调制方式（幅度/频率/相位）的相干/非相干解调的误码率公式均有一个相同参数，可以类比归纳成口诀"不忘初心"，如图 2-7 所示。

学生通过该部分内容的学习，一方面能够发现相同调制方式的误码率公式规律、简化多个繁杂公式的记忆，另一方面通过类比于"初心"，形成朗朗上口的口诀，加深"不忘初心"的印象。

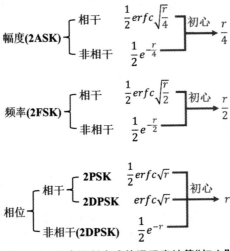

图 2-7 同类调制方式的误码率计算"初心"

2. 牢记使命：在二进制调制中，同一类解调方式（相干/非相干）的误码率具有相同形式，可以类比为"使命"，从而归纳形成"牢记使命"的口诀，如图 2-8 所示。另外需要向学生解释清楚：2DPSK 的相干解调由于采用了码反变换器，误码率为 2PSK 的两倍；2PSK 只有相干解调法，所以不存在 2PSK 的非相干解调误码率。

	2DPSK	2PSK	2FSK	2ASK	使命
相干载波	$erfc\sqrt{r}$（相干-码变换）	$\frac{1}{2}erfc\sqrt{r}$	$\frac{1}{2}erfc\sqrt{\frac{r}{2}}$	$\frac{1}{2}erfc\sqrt{\frac{r}{4}}$	$\frac{1}{2}erfc\sqrt{?}$
不利用相干载波	$\frac{1}{2}e^{-r}$	×	$\frac{1}{2}e^{-\frac{r}{2}}$	$\frac{1}{2}e^{-\frac{r}{4}}$	$\frac{1}{2}e^{-?}$

图 2-8 同类解调方式的误码率计算"使命"

通过结合"不忘初心"和"牢记使命"两部分内容（见图 2-9），学生即可掌握本章学习的全部二进制调制误码率公式，同时能够加深"不忘初心，牢记使命"的印象，实现潜移默化的课程思政效果。

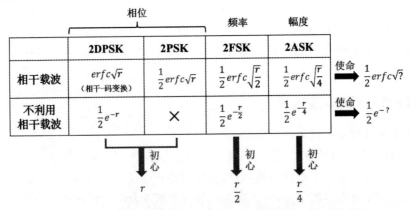

图 2-9 二进数字制调制误码率计算的"不忘初心，牢记使命"

案例六十九:傅里叶变换的故事

一、案例信息

所属课程:数字信号处理
章节名称:傅里叶变换
授课教师:万帅(教授)

二、课程介绍

数字信号处理在通信、仪表、雷达、图像处理、生物医学、消费电子、工业控制等领域都有广泛应用。通过本课程学习,使学生能掌握数字信号处理基本的理论体系,深刻理解数字信号处理理论所蕴含的物理概念和应用背景,掌握数字信号处理的基本概念、数学模型和计算与设计方法,提高学生的专业基础和科研能力。掌握离散时间信号与系统、线性时不变系统的时域和频域分析、傅里叶变换和Z变换、数字滤波器设计等经典和基础内容。

三、案例教学目标

在引出频域的概念之后,对傅里叶变换的来源进行介绍,通过该案例学习,实现的教学目标为:使学生了解傅里叶变换产生的历史由来,了解其根本思想;通过对傅里叶变换的辩证思考,理解傅里叶变换存在的条件,为后续学习做好准备。

四、案例思政目标

通过本案例的学习:

1. 使学生了解傅里叶变换的故事,以傅里叶的亲身遭遇,鼓励学生面对挫折应树立百折不挠的信心。

2. 通过对拉格朗日和拉普拉斯的观点辩证讨论,体现真理可能掌握在少数人手中,以及辩证思维的重要性。

频域和傅里叶变换为我们看待这个世界提供了全新的视角。从不同的视角去看待和分析问题,可能会有新的突破。

五、案例设计及实施过程

1. 在引出频域之后,介绍傅里叶变换的基本概念,及其与频域的对应关系。
2. 讲述傅里叶变换的故事。

傅里叶最早在一篇论文中提出设想:任何一个周期信号都可以看作是多个或无限个正弦函数的叠加。这里每个正弦函数就对应了某个频率。该论文投稿后,两个审稿人给出了不同意见:

拉普拉斯：认为同意，接收。
拉格朗日：认为不同意，例如方波跳变的边缘无法用平滑的正弦函数表示，拒稿。
最终论文被拒稿。

傅里叶变换被评为全球十大最美公式之一。连傅里叶都遭遇过拒稿，在我们遇到挫折时，应树立百折不挠的信心。

(1) 小游戏：让学生投票，同意拉普拉斯还是拉格朗日。

大多数人都会选拉普拉斯。但其实，从严格意义上说，拉格朗日是对的。通过分析，引出真理可能掌握在少数人手中，以及辩证思维的重要性。

(2) 虽然数学上不是完美的，但绝大多数信号可以用傅里叶变换来表示。由拉格朗日的观点引出傅里叶变换存在的条件，讨论"理"与"工"的区别。

(3) 频域和傅里叶变换为我们看待这个世界提供了全新的视角。从不同的视角去看待和分析问题，可能会有新的突破。

案例七十：现代控制理论课程思政案例

一、案例信息

所属课程：现代控制理论
授课教师：马云红（副教授）

二、课程介绍

现代控制理论是我院探测制导与控制技术本科生或研究生的一门很重要的专业课程。现代控制理论是建立在状态空间法基础上的一种控制理论，是自动控制理论的一个主要组成部分。现代控制理论比经典控制理论所能处理的控制问题要广泛得多，包括线性系统和非线性系统、定常系统和时变系统、单变量系统和多变量系统。它所采用的方法和算法也更适合于在数字计算机上进行。

三、案例教学目标

1. 系统地描述模型；
2. 掌握现代控制理论适用的系统状态空间模型建立。

四、案例思政目标

激发学生探索自然规律，追求科学的理想。

五、案例设计及实施过程

飞船的对接（见图 2-10）、飞船的轨道控制，都是经过严密的计算和精确地控制的。这些都需要对研究对象进行合理的建模,通过理论分析,然后进行设计,并经过试验测试,最后才会投入实际实施。因此建模是所有分析的基础。

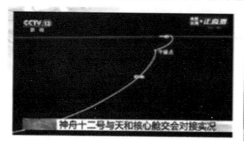 

图 2-10 神州十二号与天和核心舱交会对接

(资料来源:https://tv.cctv.com/live/cctv13/)

通过模型建立,帮助学生建立起模型和理论的关系,工程问题的解决,具有特异性,每一个工程问题,具有相应的求解方法和技术。但是一类问题的求解必然有一套根本的理论支撑。无论什么领域的系统,它所蕴含的数学模型都是具有相同特性的。

案例七十一:注意虚短与虚断成立的条件

一、案例信息

所属课程:模拟电子技术基础Ⅰ
章节名称:负反馈放大器
授课教师:王佳(副教授)

二、课程介绍

"模拟电子技术基础Ⅰ"是电子信息类专业本科生的学科基础课,工程性和实践性强;在四年制本科学习中起着承上启下的作用。通过该课程的学习,使学生熟练掌握常用半导体器件的性能、参数和使用方法,建立模拟放大电路的一般概念,牢固掌握常用放大电路的组成、工作原理、性能特点、分析方法和工程计算方法,为电子系统的工程实现和后续课程学习打下基础。

三、案例教学目标

1. 深刻理解虚短、虚断的理论推导过程;
2. 掌握虚短、虚断成立的条件,能够在电路计算时正确应用该理论。

四、案例思政目标

1. 培养学生养成科学严谨的思维习惯,除了电路理论外,更要认真对待电路理论成立的条件。

2. 培养学生的历史唯物主义观。

五、案例设计及实施过程

首先通过闭环增益的数学表达式得到深度负反馈的数学表达式,再引出其代表的物理意义:运算放大器的净输入量为0。然后,在不同反馈组态下通过数学方式推导出虚短和虚断的结论。即:运算放大器的同相、反相输入端电压相同,进入运算放大器的电流为0。

给出一张图片显示经济基础和上层建筑的上下关系。引出"经济基础决定上层建筑"的哲学观点。再类比到本节内容,虚短和虚断成立的前提条件是深度负反馈。只有硬件电路连接满足深度负反馈时,才能应用虚短和虚断来计算。加深学生对虚短和虚断概念的理解。避免学生不看电路连接方式,生搬硬套这两个概念。

案例七十二:数字电子技术基础课程思政案例

一、案例信息

所属课程:数字电子技术基础

授课教师:谢松云

二、课程介绍

"数字电子技术基础"课程是属于电类的专业基础课,虽然每年学习的基础理论知识都是相同的,但由于电子技术的飞速发展,都赋予了专业知识新的理解和应用,正如古希腊哲学家赫拉克利特说的:"一个人不能两次踏入同一条河流。"虽然我们学习的理论知识是相同的,但每年讲授和学习都会有新的理解和体会,所学知识总是有所更新,不同时代也会赋予这些知识不同的应用,因此不论教师还是学生,都需要有创新的思维去理解已有的理论知识。

三、案例教学目标

通过本课程的学习,使学生熟练掌握数字电子技术的基本理论、分析和设计方法,重点掌握常用中、大规模集成电路的功能、特点,在牢固掌握常用集成电路分析方法的基础上,培养学生的灵活应用和综合设计能力,进一步掌握可编程逻辑器件等大规模器件的原理、功能和应用,为电子系统的工程实现和后续课程学习打下必备的基础。

四、案例思政目标

培养学生看待问题和矛盾的辩证思维,让学生了解到逻辑学中的"否定之否定"规律,鼓励学生遇到难题,不要灰心。

五、案例设计及实施过程

1. 学习中经常会遇到各种问题和矛盾,不要气馁,学会用一分为二的观点看待问题和矛盾,客观地看待对立和统一,矛盾的两个方面常常是既对立又统一的,比如大家学过的模电和数电,研究的是两种不同的电子信号,早期电子技术是从模电发展起来的,随着技术的改进,近年来数字电子技术成为主流,但这并不意味着模拟电子技术就落后,而是各有各的用武之地,而且在大多数电子器件中,模电和数电都是并存而且相辅相成的,因此我们在学习知识的过程中要用一分为二的观点、带着发展的眼光来看待。

2. 在数电学习中有一个"非"的概念,与之呼应的哲学观点就是否定的观点,一个函数的"非"就是与原函数不同的取值,如果一个函数取两次"非"就是这个函数本身,因此在我们的数电学习中也同样遵循黑格尔在《逻辑学》中首先阐述的"否定之否定"的规律,由此可见很多学科都是相通的、交叉的。

3. 数字电子技术现在被大家广泛认可和应用,但实际上电子技术的发展是从模拟电子技术开始的,经过了很多科研人员经历了无数的质疑和挫折,仍然坚持钻研,最后才使电子技术得以发展和认可,并被广泛应用,这也符合哲学上的"波浪式前进、螺旋上升"的观点,这种否定之否定,并不是简单地回到了起点,而是向前发展了,事物在不断的否定自己中向前发展,由低级变成了高级,就如同螺旋上升一样。了解了这个观点,大家在以后的学习和科研中,碰到一段时间看似停滞不前时,不要灰心,继续努力,就会获得螺旋上升的成果。

数字电路分为组合电路和时序电路,两者可以说有质的区别,组合电路没有存储原件,没有记忆功能,时序电路有触发器,因此具有记忆功能,但是大家学习了两种电路的结构就会发现,实际上两种电路都是由逻辑门构成的,但是时序电路在组合电路结构的基础上加了"反馈",就使得电路功能有了质的飞跃,由此可见,"量变引起质变",大家有了相关的基础知识的"量"的积累,就容易激发出创新的思维。创新说起来很难,但从我们数字电路的发展来看,实际上就是向前走了一小步(加了两根反馈线),电路的功能就产生了质的飞跃,这看起来也不是很难的方法,但也可以看到创新是建立在坚实的已有知识的基础上,不能一蹴而就的,因此大家首先要打下坚实的专业知识基础,善于独立思考,发挥你们的创造性思维,就一定能产生创新的思想和方法。

案例七十三:机器学习方法和应用课程思政案例

一、案例信息

所属课程:机器学习方法和应用

授课教师:谢松云

二、课程介绍

机器学习方法及应用的相关知识涉及统计学、人工智能、哲学、信息论、生物学、认知科学、计算复杂性和控制论等很多交叉学科,通过本课程的学习,大家会看到,不论是学习还是科研,都要遵循客观规律,要有哲学的、辩证的、唯物主义的观点,要客观地分析和处理相关问题,理论才能更好地为实践服务。

三、案例教学目标

通过本课程的学习,使学生理解机器学习工程中的一般和具体思想、方法和算法;理解如何通过大量用例应用机器学习技术来解决特定的现实问题;通过一系列课程作业,将所学知识应用于解决具体的机器学习问题;了解机器学习工程的未来技术趋势和应用。

四、案例思政目标

该课程作为人工智能领域的核心课程,将有机融入国家情怀、社会责任、文化自信等思政元素,激励学生立鸿鹄志、做追梦人。主要体现在以下方面:

1. 引导学生将个人成长与祖国前途命运紧密相连。突出人工智能科学与技术在科技强国、民族复兴中的地位和作用,以中华民族伟大复兴的中国梦引领大学生的理想信念。结合时政,鼓励学生树立为国家繁荣富强努力学习的决心。

2. 以人工智能领域的优秀华人为榜样,激励学生刻苦努力,勇攀人工智能科技高峰。

五、案例设计及实施过程

1. 机器学习中很多方法在提出的初期,都是经历了很大的质疑和阻碍,经过了很长一段时间的冷静期,才又随着科学技术的进步被学术界认可并作为经典算法广泛应用,我们做科研也是一样,当提出创新观点的初期往往会被人质疑甚至否定,但我们从事科学研究就要有一个强大的信念和坚强的毅力,始终坚定目标并为之奋斗,用事实证明我们的研究是有价值的,最终一定会获得认可、实现和发展。

2. 机器学习中每一种方法都不是一成不变的,随着科技的发展会提出新的需求,学者们又提出很多改进的新方法,因此我们在学习和研究中也要有创新思想,用哲学的观点来说,创新的过程是一个螺旋上升的过程,提取传统方法中的精华,再随着新的需求加入创新的思想和技术,使学术思想得以升华,使新技术得以更好的应用。

3. 通过对机器学习方法及应用课程的学习,可以深刻认识到现代的科学研究往往是需要多个学科相互合作、相互支持,我们在科研中也是一样,要有团队合作精神,相互支持、紧密合作,才能更好地发挥个体的作用,为祖国建设做出更大的贡献。

案例七十四:智能优化设计方法的哲学内涵

一、案例信息

所属课程:最优化理论与方法
章节名称:智能优化方法
授课教师:宗亚雳(副教授)

二、课程介绍

本案例适用于本科生课程"最优化理论与方法",适用于所有理工科专业,本课程是一门研究资源有限条件下选择最合理的方案以达到最优目标的专业选修课。最优化理论和方法现已广泛应用于自然科学、军事科技、工程技术和管理科学等诸多领域,逐渐成为科研工作者和工程技术人员的必备技能。本课程旨在讲授最优化的基本理论和方法,使学生具备应用最优化方法解决实际问题的初步技能,为将来的深入学习和工作打下牢固基础。

三、案例教学目标

通过智能算法的讲解,学生应了解智能优化设计方法的基本思想,尤其是其社会学机理,并掌握遗传算法和粒子群算法的原理,尤其是算法的迭代过程和算子的选择问题,并通过算例学习和课堂编程训练,熟练掌握算法的计算机语言化方法,通过仿真结果,深入理解算法的全局性优势,了解问题依赖性和算子依赖性,掌握其解决方法。

四、案例思政目标

1. 增强学生"四个意识"与时代赋予学生的使命担当,使学生在群体中认清并扮演好个体角色,强化舍小我成大我的奉献精神,激发学生的爱国情怀。

2. 强化学生的辩证唯物主义思想,鼓励学生采用发展的眼光看问题,重视社会信息共享,激发学生要有远大的志向和抱负。

五、案例设计及实施过程

在讲述完遗传算法后,通过具体算例演练与编程,对仿真结果进行分析,并与传统的基于梯度的最优化方法进行对比,可发现遗传算法的全局性优越性,可找到多极值问题的最优解。进而发掘出这种优越性背后隐藏的哲学问题——智能算法体现了人类在认识论和方法论上的进步,主要体现在:

1. 遗传算法的复制、交叉和变异的进化操作,以及适者生存的评判标准,具备了传统优化设计方法无法具备的群体智能的能动性;

2. 遗传算法是一种复杂的认知与思维,将个体的主观认知与群体客观世界的变化紧密联系,并通过进化操作实现个体之间的互动和个体自身的演变;

3. 对群体的客观认知是通过多个个体反映的,而非单个个体,体现了对群体认知的客观性;

4. 个体的特性随着迭代的进展而不断迁移,使得群体的全局认知不断变化且逐步趋于客观,最终也会使群体整体不断进步。

进一步阐述对人类社会的启示:

传统优化方法却始终只是基于个体的修修补补,一味地追求着个体能力的卓越,而排斥考虑人类智能中不可忽视的社会性因素,排斥从社会互动的角度来提升智能。同时竭力追逐个体智能高度的一致性与完备性,而十分缺乏人类智能中至关重要的容错能力。更缺乏从自己和他人的错误中学习,从来自多方面信息的反馈与重估中提高,从彼此的商讨、辩论、借鉴特别是从知识的共享与才能的协调中获得集体智慧的能力。因此,不管这些单个个体的能力如何出色,因为其缺乏必要的社会交流与联系,而始终无法凝聚成一个协同的整体。这样,当系统行动时,由于某个或某些成员出于某种原因在能力上无法胜任,或某个行动方案出错时,就可能导致整个任务的全面失败。

人类为了解决复杂的实际问题,在学习各类生物进化的规律基础上,创造和构建了各类智能计算方法,这些方法突破了传统方法论和认识论上的单一模式,突破了单个个体解决问题时的诸多盲点,而且体现了在开放社会中,个体通过与个体外的外部环境进行信息交换等外部合作,从而突破其自身知识与能力的限制,同时产生新的整体智能。

优化设计结果是否是全域最优解尚不能定论,仅是收敛条件约束下的最优解,需用"登东山而小鲁,登泰山而小天下"的哲学思维来看待结果。

通过本案例的思政学习,学生的政治意识、大局意识、核心意识、看齐意识等得到提升,舍小我成大我的奉献精神得到强化,采用辩证、发展的眼光看问题的能力得到提高,学生的爱国、报国情怀被激发。

案例七十五:最速下降法的哲学内涵

一、案例信息

所属课程:最优化理论与方法
章节名称:最速下降法
授课教师:宗亚霈(副教授)

二、课程介绍

本案例适用于本科生课程"最优化理论与方法",适用于所有理工科专业,本课程是一门研究资源有限条件下选择最合理的方案以达到最优目标的专业选修课。最优化理论和方法现已广泛应用于自然科学、军事科技、工程技术和管理科学等诸多领域,逐渐成为科研工作者和工程技术人员的必备技能。本课程旨在讲授最优化的基本理论和方法,使学生具备应用最优化方法解决实际问题的初步技能,为将来的深入学习和工作打下牢固基础。

三、案例教学目标

掌握最速下降法的原理和迭代格式,了解最速下降法迭代路径的特点与成因,通过算例计算与编程训练,熟练掌握最速下降法的计算机语言化方法,通过计算结果发掘最速下降法的优势与缺点,并进一步改善该算法。

四、案例思政目标

1.增强学生"四个意识"与时代赋予学生的使命担当,强化舍小我成大我的奉献精神,激发学生的爱国情怀。

2.强化学生的辩证唯物主义思想,鼓励学生采用发展的眼光看问题,不可急功近利,激发学生远大的志向和抱负。

五、案例设计及实施过程

在讲述完遗传最速下降法的理论后,通过具体算例演练与编程,对仿真结果进行分析,可得到迭代图,且由图可知,每个迭代步,个体均是基于当前使目标函数最快下降的负梯度方向进行迭代,但导致了相邻两个迭代步迭代方向正交的现象,从而导致迭代沿"之"字形逼近最优解,且在最优解附近的迭代收敛速度越来越慢,颇有欲速则不达的状态。

上述现象反映出的辩证问题为行走速度与到达速度的矛盾问题。映射到人类社会中,实现群体状态最优,比如实现共产主义这种社会主义最优状态的过程中,个体若以自己当前利益最大化为指导方向,势必将在通往共产主义的过程中走上曲折的弯路,且有的情况下,个体可能陷入局部最优处,最终再也找不到更好的方向脱离当前状态,最终不思进取,无法自拔。因此,个体应当像智能算法那样,群体中各个个体要相互协作、信息共享,个体应当用发展的眼光看问题,有自我最佳状态保持能力、见贤思齐能力和大局意识,方能达到全局最优状态。

通过本案例的思政学习,学生的政治意识、大局意识、核心意识、看齐意识等得到提升,舍小我成大我的奉献精神得到强化,采用辩证、发展的眼光看问题的能力得到提高,学生的爱国、报国情怀被激发。

案例七十六:激光器"锤炼"出来的优点

一、案例信息

所属课程:光电技术
章节名称:光的辐射
授课教师:高永胜(副教授)

二、课程介绍

"光电技术"是我校电子科学与技术、电子信息工程、探测制导与控制技术等课程的专业方向课。属于光学、电子学和信息学科综合的理论和实践课程。本课程介绍光电子技术的基本理论和应用基础、光的辐射和传播、调制和扫描、光电探测系统、光电成像系统、显示系统等,使学生了解光电技术领域的基本理论、应用实例、最新成果和新进展,对光电子技术有个比较全面、系统的认识和理解。

三、案例教学目标

1.让同学们学习激光二极管(LD)和发光二极管(LED)的组成结构、发光原理。

2. 让同学们对比理解 LD 和 LED 的特性区别,产生区别的原因,不同的应用场景。

四、案例思政目标

LD 的发光原理是受激辐射,拥有谐振腔实现光子的反复放大、振荡、选频,所以相比 LED 具有频谱纯度高、相干性好、方向性好、输出光强及效率较高等优势。暗喻"宝剑锋从磨砺出,梅花香自苦寒来",要想拥有珍贵品质或美好才华等是需要不断的努力、锤炼、克服一定的困难才能达到的。

五、案例设计及实施过程

首先讲激光器的三个必要结构:能够产生粒子数反转的工作物质、激励能源、光学谐振腔。然后引出最常用的激光器:半导体激光器(LD),其特征是以 PN 结为工作物质,通过施加正向电流使粒子数反转,电子与空穴复合后受激辐射产生光子,如图 2-11 所示。

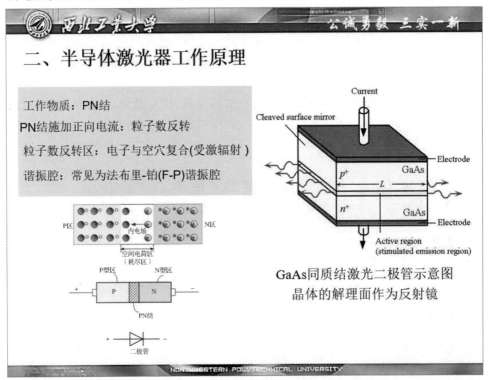

图 2-11 半导体激光器工作原理

然后讲发光二极管(LED)的构成。LED 与 LD 类似,都以 PN 结为工作物质,但 LED 是自发辐射,并且没有谐振腔,如图 2-12 所示。

由于 LD 是受激辐射,只能产生指定频率的光子,并且在谐振腔的选频作用下,相关光得到增强,非相关光得到弱化。经过在谐振腔中受激辐射、放大、选频,产生特定频率的激光,具有频谱纯度高、相干性好、方向性好、输出光强及效率较高等优势,在现代电子系统中应用非常广泛。

延伸到我们人的身上,受激辐射类似于我们每个人的压力,谐振腔类似于优胜劣汰,要想拥有珍贵品质或美好才华,是需要不断的努力、锤炼并克服一定的困难才能达到的,正所谓"宝剑锋从磨砺出,梅花香自苦寒来"。勉励同学们不惧困难,迎难而上,通过千锤百炼,让自己变得更加优秀。

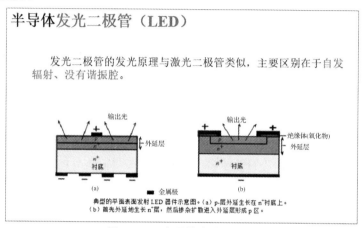

图2-12　半导体发光二极管

案例七十七:实践是检验真理的唯一标准,激发组合逻辑电路设计灵感

一、案例信息

所属课程:数字电子技术基础Ⅰ
章节名称:常用集成组合逻辑电路的功能和应用
授课教师:耿杰(副教授)

二、课程介绍

课程信息:"数字电子技术基础Ⅰ"课程是高等学校电子信息类专业的重要基础课,具有工程性和实践性强的特点。

适用专业:电子信息类专业。

主要内容:包括晶体管的开关特性和应用、数制与码制、逻辑代数、逻辑门、组合逻辑、集成触发器、时序逻辑、脉冲波形产生与变换、半导体存储器、可编程逻辑、数/模和模/数转换等。通过该课程的学习,使学生熟练掌握数字电子技术的基本理论、分析和设计方法,重点掌握常用中、大规模集成电路的特点和功能,在牢固掌握常用集成电路分析方法的基础上、培养学生灵活应用和综合设计能力,进一步掌握可编程逻辑器件等大规模器件的原理、功能和应用,为电子系统的工程实现和后续课程学习打下必备的基础。

三、案例教学目标

素质目标:培养学生灵活应用、综合设计、探索实践的能力。

知识目标:掌握常用中规模集成组合逻辑电路功能(常用集成组合逻辑电路包括全加器、编码器、译码器和数字显示译码器、数据选择器、数值比较器);掌握使用常用中规模集成组合逻辑电路进行综合设计的方法。

能力目标:掌握中规模逻辑器件的原理、功能和应用,结合实际场景需求合理设计电路,为电子系统的工程实现和后续课程学习打下必备的基础。

四、案例思政目标

实践不仅是检验真理的标准,而且是唯一的标准。组合逻辑电路设计的思路,需要通过不断实践,结合实践经验,才能设计出更符合实际场景需求、更合理的电路结构。只有不断实践,才能深刻理解和掌握中规模逻辑器件的原理、功能和应用。

五、案例设计及实施过程

实际教学过程中,在多个中规模集成组合逻辑电路综合设计例题之间,单独开辟5分钟时间,讲述"实践是检验真理的唯一标准"的哲学原理。

实践不仅是检验真理的标准,而且是唯一的标准。毛主席说:"真理只有一个,而究竟谁发现了真理,不依靠主观的夸张,而依靠客观的实践。只有千百万人民的革命实践,才是检验真理的尺度。"作为检验真理的标准,必须具有把人的思想和客观世界联系起来的特性,否则就无法检验。实践具有把思想和客观实际联系起来的特性。因此,正是实践,也只有实践,才能够完成检验真理的任务。科学史上的无数事实充分地说明了这个问题。

如何判断一个组合逻辑电路是否合理,也需要利用不断实践,结合各种不同情况分析电路的逻辑状态,通过不断改进与分析实践,才能设计出最为合理的电路。

第三章 社会元素

案例七十八:红色革命歌曲优美旋律频谱音质的傅里叶变换分析

一、案例信息

所属课程:数字信号处理Ⅰ、Ⅱ
章节名称:FFT 算法
授课教师:李勇(教授)、程伟(副教授)

二、课程介绍

"数字信号处理Ⅰ、Ⅱ"是面向电子信息学院电子信息工程等 5 个本科专业开设的两门专业核心课,主课 2019 年获得国家首批线下一流课程,配套教材获批工信部"十四五"规划教材。该课程团队是陕西省优秀教学团队,属专业核心课,实行首席教授负责制,并承担学校教学与考核模式改革任务。课程主要讲授数字信号处理基础理论知识,包括离散时间信号和系统、Z 变换和傅里叶变换、FFT 算法和数字滤波器等。

三、案例教学目标

通过本案例教学内容,加深学生对离散时间信号和系统频域分析概念的理解,加深对傅里叶变换物理概念的理解,加深对 FFT 算法的掌握,重点掌握离散时间信号的频谱分析方法和工具的应用,把枯燥生涩的傅里叶变换理论转换为应用背景很强的实际应用,提高学生的学习兴致,调动学习的积极性和主动性。能力培养方面,通过对红色歌曲音频信号的频域分析,提高学生应用 FFT 算法的能力,提高对频谱物理概念深刻认识和分析的能力,能够举一反三应用 FFT 工具分析离散时间信号的频谱,在 FFT 算法应用、频谱分析方法和音频音质分析等方面牢固掌握知识、建立物理概念、掌握频谱分析方法。

四、案例思政目标

通过本案例教学内容,可以让红色歌曲的优美旋律变成一幅鲜活的频谱画面,一方面让学生在学习傅里叶变换抽象的理论变成清晰的物理概念图像,从而牢固树立信号频谱分析的概念,掌握傅里叶变换的深刻原理和应用背景,最重要的是欣赏红色歌曲的优美旋律的物理根源,通过对德艺双馨艺术家的演唱分析,揭示出他(她)们优美音质的内涵,通过对红色优美旋律的音频信号频谱分析,使学生聆听红歌受教育,从而达到爱党爱国、鼓舞精神、陶冶情操、追求理想的远大志向,彰显课程思政育人元素的独特魅力。

五、案例设计及实施过程

(一)案例设计

设计思想:按照课程计划,讲完离散傅里叶变换(第4章)和FFT算法(第5章)后,补充讲解频谱分析的内容和应用实例。通过音频分析软件分析红色歌曲的频谱,分析方法为离散傅里叶变换(FFT算法),选择鼓舞精神、优美旋律和红色歌曲作为信号,选择德艺双馨的歌唱家演唱的红色歌曲,从精神层面和灵魂深处激发学生爱国爱党、强国上进的情怀和激情。

案例内容:授课中根据学时,在第5章FFT算法讲授结束后,分别选择了歌手韩红演唱的《我和我的祖国》和歌手孙楠演唱的《红旗飘飘》两首红色歌曲,韩红和孙楠是非常受青年学生欢迎的两位歌手,两首红色歌曲旋律非常优美,深受学生喜爱。FFT分析平台选择WavePad Sound Edition音频编辑软件,平台内含离散傅里叶变换和FFT分析工具,并具有时域音频信号波形显示、局部放大、频谱分析动态显示、主分量分析、泛音分析等功能,可以直观显示出所分析音频信号的频谱特性。

(二)实施过程

授课教师在授课计算机安装"WavePad Sound Edition"音频编辑软件V5.6版本,并下载选择的红色歌曲音频文件(MP3格式文件),并确保教室扩音正常。

启动软件,进入主界面,如图3-1所示。

图3-1 音频编辑软件WavePad Sound Edition

在主界面下打开音频文件,可显示文件时域波形,并进行歌曲播放,并调用FFT分析功能,可得到音乐信号的频谱和时频谱,从而分析出歌曲旋律的主音分量和泛音分量。

(三)教学效果

教学方式新颖,内容独特,很受学生欢迎,打开音频文件可以播放,让学生聆听优美的、振奋人心的红色歌曲,很鼓舞精神,图3-2是歌曲《我和我的祖国》音频时域波形图。

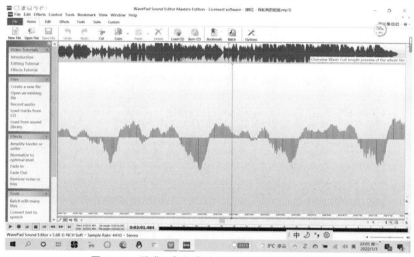

图3-2 歌曲《我和我的祖国》音频时域波形图

该音乐平台最大的优点是具有傅里叶变换FFT频谱分析功能,可以和课程内容形成完美的结合,通过对红色革命歌曲进行FFT变换,可以得到歌曲的实时动态FFT频谱,对频谱进行音质分析,可以得到歌曲每秒音质的主音分量和泛音频谱,从而获得对音频信号频谱更深刻认识,加深对傅里叶变换FFT的物理概念的理解和掌握。更重要的是,学生一边可以欣赏歌唱家演唱的红色爱国歌曲的优美旋律,提高艺术修养,一边可以学习课程知识,把知识学习和爱国教育融为一体,效果显著,反响热烈,得到了广大学生的欢迎。图3-3和图3-4分别是歌曲《红旗飘飘》傅里叶变换FFT动态频谱截图。

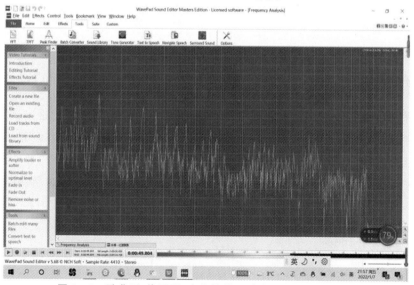

图3-3 歌曲《红旗飘飘》主旋律傅里叶变换FFT频谱截图

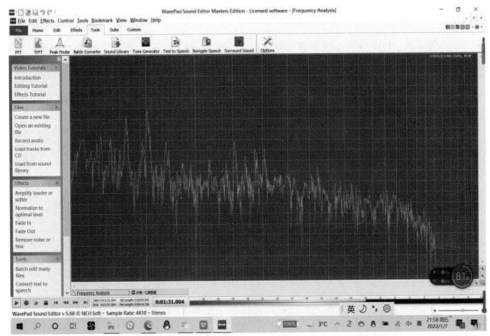

图 3-4　歌曲《红旗飘飘》高潮部分傅里叶变换 FFT 频谱截图

案例七十九：数字信号处理课程与国产工业软件发展

一、案例信息

所属课程：数字信号处理

章节名称：绪论

授课教师：程伟（副教授）

二、课程介绍

数字信号处理在通信、仪表、雷达、图像处理、生物医学、消费电子、工业控制等领域都有广泛应用。通过本课程学习，使学生能掌握数字信号处理基本的理论体系，深刻理解数字信号处理理论所蕴含的物理概念和应用背景，掌握数字信号处理的基本概念、数学模型和计算与设计方法，提高学生的专业基础和科研能力。掌握离散时间信号与系统、线性时不变系统的时域和频域分析、傅里叶变换和 Z 变换、数字滤波器设计等经典和基础内容。

三、案例教学目标

通过绪论章节中的案例学习，实现的教学目标有：

1. 了解数字信号处理课程的研究对象，研究内容。

2. 了解课程的性质、特点及基本学习方法。
3. 了解数字信号处理的发展以及典型应用。

四、案例思政目标

1. 加强学生对党和国家大政方针,及自主创新的发展战略的理解,培养学生的使命感和责任感。

2. 激发学生爱国热情,培养学生自主创新的意识,以及不怕困难勇于担当的精神。

五、案例设计及实施过程

从数字信号处理学科领域内经常使用的软件讲起,如 MATLAB、Signal Processing WorkSystem、GNU Radio。

这些软件在这个学科领域被广泛使用,是非常典型而强大的工业软件,其研发都经历了漫长的历程,很多都存在"卡脖子问题",对我们的自主创新提出了挑战。

引用中科院包云岗教授的文章——《关于"MATLAB 被禁"事件的一些思考》。包教授提出了一个问题:从现在这个时间点开始,给 10 年时间,甚至 20 年时间,我们能做出一个卡别人脖子的东西吗?并不是说真的要去卡别人脖子,而是说要成为别人离不开的东西。这是一个战略角度的问题。

从这个角度来看这次"MATLAB 被禁"事件,也许可以给我们更多的是启发。回顾 MATLAB 发展的历史,其在 20 世纪 70 年代是新墨西哥大学 Clever Moler 教授用于教学中的一个小工具软件,如何在几十年后成为"卡脖子"的利器?

包教授总结了一些原因,其中和我们课程教学最相关的是把教学场景用起来,而不是把教学当作负担。MATLAB 是 Moler 教授想把 EISPACK 和 LINPACK 应用于教学过程中的产物。

给我们的启发是,产学研需要更紧密的结合,课程教学需要调动大家每位同学的积极性,需要更好地设计教学中的案例及任务。让学习的过程不仅仅是接受知识的过程,还要成为创造的过程,形成工业软件原型迭代的过程。在课堂上培养国产工业软件追赶超越的建设者和接班人。

案例八十:信息的载体,发展的导向

一、案例信息

所属课程:智能信息感知与处理前沿技术
章节名称:信息与信号
授课教师:张易凡(副教授)

二、课程介绍

信息是在感知、适应外部环境过程中与外部环境进行交换内容的总称。信息感知与处理的过程是对信息进行采集/收集、去伪存真、去粗取精、由表及里、由此及彼的加工过程,通过对信息的接收、存储、转化、传输和发布,实现信息增值,并生成新的、更具有指导意义的有效知识。随着信息技术的飞速发展,相关领域涌现了许多前沿理论和方法。本课程将围绕智能信息感知与处理领域的前沿技术,结合所属科研团队的科研经历和最新研究成果,面向信息类专业本科生开展相关专题教学活动。

三、案例教学目标

通过第 2 章"信息与信号"的学习,实现以下教学目标:
1. 了解作为信息载体的信号的定义,广义信号的种类;
2. 掌握数字信号的定义、特点,以及从模拟信号到数字信号的三个基本步骤(采样、量化和编码);
3. 了解数字信号处理的基本知识。

四、案例思政目标

1. 增强学生的民族自尊心和文化自信心,激发学生对科研工作的兴趣和主观能动性,为进一步培养科研型人才打下基础。
2. 在帮助学生扩充知识见解、提高综合素质的同时,厚植爱国主义情怀和高尚品德修养、树立坚定的思想信念和勇于奋斗敢于创新的雄心壮志。

五、案例设计及实施过程

在讲解了信号的定义以及信号与信息的关系之后,就需要向学生介绍广义信号的范畴(光信号、声信号、电信号等)。光信号和声信号是最早被人类所感知的信号,通过展示图 3-5 所示的两页 PPT,开展思政教学。

烽火是古代边防军队传递军事信息的重要手段,是古代敌寇侵犯时的紧急军事报警信号。古代各国在边境的山峰上建造若干烽火台,台上置干柴,如遇敌方入侵则燃火以报警,从而迅速传达信息。讲解中可联系周幽王为博美人褒姒一笑,烽火戏诸侯而失信于天下,最终导致西周灭亡的典故。

灯塔是高塔形建筑物,在塔顶装设灯光设备,位置显要,建筑造型特定,一般也是港口最高点之一,易于船舶分辨。因为早期的灯塔是由火光点燃的,所以灯塔也象征着希望。习近平总书记在纪念辛亥革命 110 周年大会上的讲话中提出:"十月革命一声炮响,给中国送来了马克思列宁主义,促进了中国人民的伟大觉醒,在马克思列宁主义同中国工人运动的紧密结合中,中国共产党应运而生。中国共产党一经诞生,就把为中国人民谋幸福、为中华民族谋复兴确立为自己的初心和使命,点亮了实现中华民族伟大复兴的灯塔。"

图 3-5　教学课件

北京的天坛公园有一座回音壁,它是皇穹宇的围墙,如图 3-6 所示。墙壁是用磨砖对缝砌成的,墙头覆着蓝色琉璃瓦。围墙的弧度十分规则,墙面极其光滑整齐,对声波的折射是十分规则的。只要两个人分别站在东、西配殿后,贴墙而立,一个人靠墙向北说话,声波就会沿着墙壁连续折射前进,传到一二百米的另一端,无论说话声音多小,也可以使对方听得清清楚楚,而且声音悠长,堪称奇趣,给人造成一种"天人感应"的神秘气氛,所以称之为"回音壁"。这一建筑充分体现了我国古代劳动人民的智慧。

图 3-6　教学课件

上述思政教学环节生动有趣,能够让学生以乐在其中的学习方式了解广义信号中的两类重要信号(光信号和电信号)。同时,也增强了学生的民族自豪感和文化自信心,以及坚持中国共产党领导下的中国特色社会主义发展道路的坚定信念。

案例八十一：计算智能与智能作战，找寻差距，走自我创新之路

一、案例信息

所属课程：计算智能基础
章节名称：绪论
授课教师：张堃（副教授）

二、课程介绍

本课程是电子信息学院探测制导与控制技术专业本科生的专业选修课。通过本课程教学，使学生能够了解计算智能的基本思想和方法，掌握计算智能的基本理论和有关问题的入门知识，了解计算智能研究核心问题及其难点所在，并对计算智能领域的最新成果有一个深入了解，进一步使学生了解和熟悉机载航电任务系统所涉及的计算智能理论方面的内容和范围。课程对培养航空智能化作战指挥管理人才，智能化飞机航电系统总体论证研究人员，具有重要的基础和指导作用。

三、案例教学目标

通过课程"绪论"的学习，让学生理解智能的含义，了解智能发展阶段与未来发展趋势、最新研究成果及应用等；通过案例引导，使学生了解课程知识在国防军事领域的典型应用。

四、案例思政目标

培养学生的国家忧患意识，满怀爱国热情，勇担民族复兴的使命；认同科学发展理念、拓宽国际视野，树立学生履行时代赋予使命的责任担当。

五、案例设计及实施过程

讲述国际上无人作战的典型应用，再引入智能作战的概念，讲述国外最新研究成果，探究我国与国外差距和异同，进一步引导学生认识到本门课程在智能作战过程中的重要应用，使学生对本课程所涉及的专业知识和技能在国家发展、国防建设、军事能力提升等方面的重要作用，从而在学习动机、学习兴趣上得到较深的思政教育。具体案例如下。

（一）捕食者无人机作战案例

2001年11月15日晚，"捕食者B"无人机发现从阿富汗首都喀布尔出动了一支塔利班或"基地"组织的车队。无人机机载红外摄像机拍摄的清晰图像，通过机载数据链和侦察卫

星,实时传送到位于美国佛罗里达州的美军中央司令部的控制室,然后又发送到五角大楼和中央情报局。

美军无人机的地面控制人员,操纵无人机在数千米的高空,紧紧尾随跟踪车队。当这支车队在一小镇宿营,部分人员进入一家旅馆时,跟踪而至的"捕食者B"无人机在旅馆上空盘旋、监视。

美军中央司令部果断地下达了攻击的命令,3架F-15战机升空,在"捕食者B"无人机的引导下,将3枚"聪明炸弹"GBU-15准确地投向旅馆大楼,将大楼炸毁。与此同时,在空中进行引导、监视的"捕食者B"无人机,在地面控制人员的遥控下,向旅馆停车场上的汽车,发射了2枚反坦克导弹,炸毁了汽车,并将坐在车内的恐怖分子炸死。

经事后查明,此次由"捕食者B"无人机引导的空袭,准确命中了目标,共有近百名恐怖分子被消灭,其中含多名"基地"组织和塔利班的高层人物。

(二)Alpha AI / ACE 计划

2016年,美国辛辛那提大学旗下Psibernetix公司开发了基于遗传模糊树算法的Alpha AI(人工智能),它将充当配合空军长机执行任务的僚机的智能飞行员。Alpha AI多次击落了美国空军战术专家驾驶的模拟战机[见图3-7(a)],展现了人工智能系统在空战问题中的威力。

2019年5月,美国国防部高级研究项目局(DARPA)宣布启动空战演进(ACE)项目,2020年8月举办Alpha Dogfight决赛,赫伦系统公司(Heron Systems)最终夺冠,并在虚拟空战中以5∶0的压倒性优势击败了驾驶虚拟F-16战斗机的人类飞行员[见图3-7(b)]。

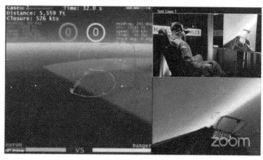

(a)Lee上校与Alpha AI对战　　　　(b)Alpha Dogfight比赛直播

图 3-7　Alpha AI / ACE 计划

(资料来源:http://mms2.baidu.com/it/u=660981250,4199996716&fm=253&app=138&f=JPEG&fmt=auto&q=75? w=604&h=402)

通过案例讲述,采用教师教授的方式进行,分析国外最新发展形势,探讨我国目前差距,使学生认识到"落后就要挨打",进一步培养学生国家忧患意识,满怀爱国热情,勇担民族复兴的使命;认同科学发展政策、增强国际视野,树立学生履行时代赋予使命的责任担当。

案例八十二：忆移动通信系统发展史，看中国自主创新之路

一、案例信息

所属课程：通信原理
章节名称：现代通信系统介绍
授课教师：梁微（副教授）

二、课程介绍

"通信原理"课程旨在系统介绍现代通信系统的基本概念、基本原理和基本分析方法，可作为普通高等学校通信、电子、信息、计算机等专业本科生教材。第12章"现代通信系统介绍"部分主要介绍目前广泛应用的几种数字通信系统，讲述了各自系统的组成、工作原理、关键技术以及最新技术发展情况，从而反映出当代通信技术的最新发展。

三、案例教学目标

熟悉无线局域网的基本概念；了解第五代移动通信系统的关键技术。了解现代通信系统的关键技术以及我国各代移动通信网络发展的艰辛。通过讲课、练习，使学生逐步掌握对已有通信知识的使用，以及对新通信技术知识的学习和对于基础知识如何应用于军事、民营企业等有个宏观的了解。学会在应用先修学科大类基础课的基础上，如何引出和发展出新的系统、新的知识，思考如何将已有的知识与现有的技术进行关联。

四、案例思政目标

在讲述课程内容的基础上，回顾我国2G时代的落后、3G时代的奋起、4G时代的追平、5G时代的超越，我们国家移动通信的发展史是中国人时代奋斗的缩影。通过一个民营企业的发展与学生共同探讨5G全面应用之后对国家发展的促进和对人们生活的改变。同时，展望6G时代的我们全面引领。启发学生从自我做起，从本门课程做起，努力学好专业知识，做好国家建设的接班人。

本节课的课程思政教学目标，主要采取"教师教授"方式进行，坚定了学生对我国各项国策方针、科学发展理念的认同，培养学生国家忧患意识，从而满怀爱国热情，勇担民族复兴使命，发扬时代精神，为自己的学习树立起更高的起点和追求；帮助学生树立了履行时代使命的责任担当，激起学生报效祖国的理想情怀。进而坚定学生对党的领导，社会主义制度的认同，拥护国家科学发展战略，增强国际视野，培养国家忧患和国家安全意识。树立学生履行时代赋予使命的责任担当，激起学生学习报国的理想情怀，从而满怀创新精神、钻研精神和

奉献精神。

五、案例设计及实施过程

本次授课通过介绍中国移动通信网络发展史引入现代通信系统的介绍,通过讲解华为公司为我国移动网络发展做出的卓越贡献以及其现阶段发展遇到的困难体现课程思政元素:在第二代移动通信系统(2G)发展中,华为推出无线 GSM 解决方案,并于 1998 年将市场拓展到中国主要城市;在第三代移动通信系统(3G)发展中,华为与西门子成立合资企业,针对中国市场开发 TD-SCDMA;在第四代移动通信系统(4G)发展中,华为公司于 2014 年实现其运营的商用网络市场份额稳居世界第一;在第五代移动通信系统(5G)发展中,根据德国领先研究机构 IPlytics 发布的 2021 年全球 5G 标准必要专利宣称数量报告,华为公司位居榜首。

此举既能让学生们了解当下通信领域前沿技术以及具有名族大义的民营企业为推进国家移动网络建设做出的重大贡献,试图启发学生们可以奋发图强、不断创新,未来为国家破解各个领域技术难题贡献力量。

在讲授课程内容的同时一步一步引出经典案例,比如:为抑制中国在高科技领域的飞速发展,加拿大作为美国帮凶抓捕身在温哥华的孟晚舟,且在此之后美国多次向加拿大提出引渡孟晚舟的请求。

2021 年 9 月 25 日,在中国政府的不懈努力之下,孟晚舟女士顺利归国。这是党中央坚强领导的结果,是中国政府不懈努力的结果,是全中国人民鼎力支持的结果,是中国人民的重大胜利。此次事件让学生感受到国家对每一位中国公民的庇护,激发学生的拳拳爱国心。

此次授课分为以下两个阶段,第一个阶段介绍授课内容以及相关国家政策措施。

(一)我国 2G 时代的落后

2G 时代,主流的 2G 技术主要有以美国为代表的 CDMA,还有欧盟引导的起于 1982 年的 GSM,而中国并没有相关技术。

早在 1989 年欧洲就以 GSM 为通信系统的统一标准并正式商业化,同时在欧洲起家的诺基亚仅用 10 年的时间就打败摩托罗拉成为全球最大的移动电话商。国内 2G 网络的建设则应该从 1994 年中国联通的成立开始,如图 3-8 所示。1995 年,中国移动开始使用 GSM 技术建立 2G 网络,由爱立信提供设备。1999 年,中国联通开始与高通谈判引进基于 CDMA 技术的 2G 网络,直到 2001 年才尘埃落定。2008 年 5 月 23 日,联通停止 CDMA 业务,保留 GSM 网络,同年 10 月 1 日将 CDMA 网络移交中国电信运营。这 2G 一用就是 10 年。相比之下,日本韩国从 2000 年就开始颁发 3G 牌照,可以说,中国在通信技术上与国际主流差距整整落后一个时代。而且最为致命的是,2G 网络全程建设都大幅依赖国外设备进口,从基站到手机无不如此。

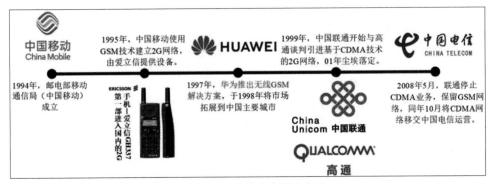

图 3-8　2G 技术在我国的发展

(二)我国 3G 时代的奋起

3G 与 2G 的主要区别在于传输声音和数据的速度有所提升,在全球范围内更好地实现无线漫游,可以处理图像、音乐、视频流等多种媒体形式,将无线通信与国际互联网等多媒体通信结合。3G 技术在我国的发展历程如图 3-9 所示。

图 3-9　3G 技术在我国的发展

ITU 在 1997 年发文征集 3G 提案,中国在 1998 年 1 月召开有关标准决策的香山会议,邮电部相关领导最后拍板:"中国发展移动通信事业不能永远依靠国外的技术,总得有个第一次,第一次可能不会成功,但会留下宝贵的经验,我支持把 TD-SCDMA 提到国际上去,如果真失败了,我们也看作是一次胜利,一次中国人敢于创新的尝试,也为国家做出了贡献。"

2000 年 5 月,中国的强硬表态:你们不用我自己用,并罢会表示抗议。ITU 宣布将中国提交的 TD-SCDMA、欧洲主导的 WCDMA 以及美国主导的 CDMA2000 并列为三大 3G 国际标准。

2008年以"迎奥运"为名宣布 TD-SCDMA 自 4 月 1 日起由中国移动"试运行"。2009年 1 月,工信部向重组后的三大运营商中国移动、中国电信和中国联通发放了 3G 牌照,拉起了 3G 时代的大幕。并公布中国移动获 TD-SCDMA(3G)发展的财政支持、项目支持、网络建设等六大扶持政策措施。2009 年 4 月,《电子信息产业调整和振兴规划》发布,加速 3G建设和推进"三网融合"成为规划的一大亮点。

2010 年 5 月启动的"首届 3G 人才创业创新大赛"获得政策支持,包括:北京市政府提供 5 亿元文化创意基金;中关村科技园区提供 100 万元高端人才奖励;石景山区提供 2 000 万元文化创意基金;北京市科委提供 30 万~50 万元中小企业创新基金等。

2010 年 6 月,《国家中长期人才发展规划纲要(2010—2020 年)》发布,明确提出重点加强专业技术人才、高新技术产业人才、自主创新型人才工程的建设和扶持。

(三)我国 4G 时代的追平

4G 网络是指第四代无线蜂窝电话通信协议,是集 3G 与 WLAN 于一体并能够传输高质量视频图像以及图像传输质量与高清晰度电视不相上下的技术产品。4G 技术在我国的发展历程如图 3-10 所示。

图 3-10 4G 技术在我国的发展

4G 系统能够以 100 Mb/s 的速度下载,比拨号上网快 2 000 倍,上传的速度也能达到 20 Mb/s,并能够满足几乎所有用户对于无线服务的要求。在 3G 等产业积累的基础上,我国主导实现了 TD-LTE 标准融合,并进而主导了 TD-LTE 的产业化和国际化。同时,我国企业在 FDD LTE 整个产业的竞争力也进一步提升,特别是在 4G 商用初期就推出多频多模芯片和智能终端等设备。可以说,在 4G 阶段我国已经基本实现与国外企业同步发展、同台竞争的局面。2010 年 5 月,工信部研究制定《工业和信息化部 2010 年标准化工作要点》,明确了 2010 年标准化工作的总体思路、主要任务和标准制修订重点等。在"标准制修订重点"中明确提出"研究制定 TD-LTE 标准,做好 4G 国际标准化工作"。2013 年 4 月,工信部发布《关于实施"宽带中国"2013 专项行动的意见》,明确提出"进一步深化城市 3G 和 WLAN网络覆盖,积极开展 TD-LTE 扩大规模试验,推进 IPv6 商用试点部署"。2013 年 12 月,工信部向中国移动通信集团公司、中国电信集团公司和中国联合网络通信集团有限公司颁发

"LTE/第四代数字蜂窝移动通信业务(TD-LTE)"经营许可。2014年5月,工信部发布《关于实施"宽带中国"2014专项行动的意见》,明确提出"加快TD-LTE建设与加强共建共享同步。大力支持加快TD-LTE网络建设和发展,努力建成覆盖完善、质量稳定、资源节约的TD-LTE网络"。

(四)我国5G时代的超越

5G作为一种新型移动通信网络,不仅要解决人与人通信,为用户提供增强现实、虚拟现实、超高清(3D)视频等极致业务体验,更要解决人与物、物与物通信问题,满足移动医疗、车联网、智能家居、工业控制、环境监测等物联网应用需求。最终,5G将渗透到经济社会的各行业各领域,成为支撑经济社会数字化、网络化、智能化转型的关键新型基础设施。2013年4月,工信部、发展改革委、科技部共同支持成立IMT-2020(5G)推进组,作为5G推进工作的平台。推进组旨在组织国内各方力量、积极开展国际合作,共同推动5G国际标准发展。2017年12月,发改委发布《关于组织实施2018年新一代信息基础设施建设工程的通知》,要求2018年将在不少于5个城市开展5G规模组网试点,每个城市5G基站数量不少于50个、全网5G终端不少于500个。2021年9月,我国建成全球最大规模光纤和移动通信网络,5G基站、终端连接数据全球占比分别超过70%和80%。

(五)我国第六代移动通信系统(6G)的发展

6G网络将会是一个地面无线与卫星通信集成的全连接世界。6G通信技术不再是简单的网络容量和传输速率的突破,它更是为了缩小数字鸿沟,实现万物互联这个"终极目标"。

为同学们解析相关政策。2020年4月,工信部召开数字基础设施建设工作推进专家研讨会,提出"加大5G增强技术、6G技术研发支持力度"。2020年12月,"2021中国信通院ICT+深度观察报告会"在北京举行,会上提出"中国信通院应继续推动5G技术产业创新发展和6G前瞻性战略性布局"。2021年3月,"十四五"规划中明确提出"加快5G网络规模化部署,用户普及率提高到56%,前瞻布局6G网络技术储备"。2021年5月,工信部召开5G/6G专题会议。会议要求IMT-2030(6G)推进组稳中有进推动6G发展:一是深入开展6G应用场景研究,二是着力推动关键技术创新突破,三是积极促进国际交流合作。2021年9月,IMT-2030(6G)推进组6G研讨会开幕,指明6G相关工作方向:一是厚植根基,以5G成功商用夯实6G发展基础;二是创新引领,深入开展6G潜在关键技术研究;三是开放共赢,合力营造全球6G发展良好环境。

第二个阶段是与学生进行讨论,接收学生对本节课程的反馈。希望学生深刻认识到,越是接近民族复兴越不会一帆风顺,而是充满风险挑战乃至惊涛骇浪。孟晚舟案,让同学们认清了西方反华势力的丑陋嘴脸和险恶用心,也知道了所处的世界进入百年未有之变局,保持头脑清醒、目标笃定、干劲不减、奋斗进取,永远专心致志做好自己的事最重要;也让同学们懂得,祖国强大,人民才有尊严、才有安全感和幸福感可言;更加读懂了"家与国""国与个人"

之间的生存相依关系。

面对世界百年未有之大变局,必须坚定不移地走自己的路,百折不挠办好自己的事,实现高水平科技自立自强,把伟大祖国建设得更加强大。虽然道路是曲折的,但前途是光明的。中国人民不惹事,但也决不怕事,中国共产党、14亿中国人民有决心也有信心,发扬斗争精神,不畏风浪、直面挑战,坚决不让霸权主义行径得逞,勇于战胜一切艰难险阻和惊涛骇浪,敢于打败前进道路上的一切敌人,赢得最终胜利!

如《人民日报》所讲:没有任何力量能够阻挡中国前进的步伐!

案例八十三:疫情下的数字通信

一、案例信息

所属课程:通信原理
章节名称:数字基带传输系统
授课教师:梁微(副教授)

二、课程介绍

本课程为电子信息类学科的基础专业课,共12章,包括绪论、随机信号与噪声分析、信道与噪声、模拟调制系统、数字基带传输系统、数字信号的频带传输、现代数字调制技术、模拟信号的数字传输、差错控制编码、数字信号的最佳接收、同步原理和现代通信系统介绍。其中主要介绍模拟和数字通信中涉及的各种技术,如调制、信源编解码、最佳接收、同步等基本原理和信道层面的技术,如噪声随机特性、信道特性、信道编解码等。

三、案例教学目标

通过学习第5章"数字基带传输系统",实现以下教学目标:
1. 熟悉数字基带信号的常用码型、码型设计原则和频谱特性;
2. 掌握基带系统的脉冲传输与码间干扰的概念;
3. 掌握无码间干扰等效传输特性、无码间干扰基带系统的抗噪性能;
4. 熟悉部分响应系统、眼图的基本概念;
5. 了解时域均衡的概念。

四、案例思政目标

1. 在课程内容的基础上,引导学生思考:疫情期间为什么在线课程可以大规模应用?如果没有数字通信的支持也就是没有4G、5G网络的支持,网课还能不能进行?疫情用到的健康码、行程卡项目还能不能进行?使学生明白数字通信系统近些年的快速发展给人们的生活带来的便利以及不可或缺性。

2.通过举例说明疫情下的数字通信,启发学生,中国是非常重视人权的,国家始终是把人民的安危和利益放在第一位的,引导学生将爱国热情投向日常生活以及本职工作,并增强学生的奋斗创新精神。

五、案例设计及实施过程

本案例的思政内容是在课程完成教学任务后,利用图片和视频互动的方式向学生展示在疫情期间数字通信应用的重要性。本章的思政教育思路,主要分为以下三个阶段。

第一阶段,当我们进入一个新城市时,我们的手机会自动地搜索附近的基站并建立联系。那么运营商就可以根据基站的位置区编码实现定位服务。

那为什么定位服务的精准度如此高呢?这就可以和我们课堂上讲述的无码间串扰原理相结合,虽然在处理中还涉及其他技术,但是无码间串扰技术消除是由信道的加性噪声和传输系统频率特性不理想所引起的波形畸变。

第二阶段,讲述数字通信在疫情期间的其他典范应用。并让学生明白,对比模拟通信,数字通信主要是在保密性、抗干扰、频谱利用率方面上更具有优势。

(一)远程会诊未来将融入现实生活

在疫情暴发之际,许多患者不能及时到医院会诊和治疗,因此国家远程中心迅速成立应急管理小组,发挥网络视频会议的优势,组建专家通过互联网会诊。图3-11为上海儿童医院的远程会诊,通过这种方式实现了患者在家完成就医、配药全过程。很大程度上解决了专科患者就诊难题,缓解了疫情下患者们的紧张情绪。

图 3-11 远程会诊

(资料来源:chinanews.com)

图3-12为武汉协和医院远程会诊,通过这种方式实现专家医治患者和抗疫经验分享。

第三章　社会元素

图 3-12　武汉协和医院远程会诊

(资料来源:http://mms0.baidu.com/it/u=3097161081,1431410334&fm=253&app=138&f=
　　　　　JPEG&fmt=auto&q=75? w=580&h=352)

图 3-13 是利用数字技术实现远程治疗,在疫情期间为减少人员流动,许多医生在网络上医治患者,同时也使全国的专家能聚集一起进行讨论给出最合理的治疗方案。并且通过这样的方式,国家可以充分照顾到像西藏这些医疗资源比较落后的省份。可以通过远程技术对西藏等地区的疑难病和疫情防控进行经验传递。

在远程会诊和医疗中对图像清晰度、网络稳定性有很高的要求,而数字通信对于图像信号处理和图像压缩以及网络稳定性有很大的优势,因此被广泛运用。

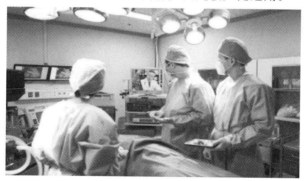

图 3-13　远程医疗

(资料来源:http://mms2.baidu.com/it/u=3066529672,205742052&fm=253&app=138&f=
　　　　　JPEG&fmt=auto&q=75? w=500&h=731)

(二)5G 技术的发展加速复工复产

在疫情期间,不能因为全国人民都在家而导致全国产业全部暂停。为了实现企业工作推进,数字通信的代表 5G 技术对全国复工复产按下加速键。因疫情防控需要,"云复工"模式成为当下很多互联网等高新技术企业的普遍做法。更为典型的是在疫情期间全国网友通过 5G 直播对火神山和雷神山建设进行监工,通过直播使全国人的心都与武汉人民联系到一起。图 3-14 为《疫情二十四小时》直播节目,意在让密切关注武汉疫情的全国乃至全球人民,能在第一时间获知武汉火神山的建设进度。虽然在直播过程中有数以千万的人民同时观看，但是并不会影响视频的流畅性，这正是因为数字通信的频谱利用率更高效。同时，播放近 2 分钟火神山建设直播视频。

图 3-14　火神山建设直播

（资料来源：https://v.cctv.com/）

第三阶段，让同学们分享自己在疫情期间对数字通信最大的感触。许多同学提到了由于学校封校而导致在家上网课的经历，也有同学提到小区封闭时在网上购买日常生活用品和点外卖等。

通过上述照片和视频，让同学们明白国家发展数字通信的重要性和实用性。在一定程度上揭示了国家为什么能在第一时间控制疫情和明白党中央始终把人民的安危放在第一位而做出的努力。在了解到国家通信技术的先进性后，激发起同学们的学习热情和民族自信荣誉感。

案例八十四：学好"通信原理"，打好科技基础

一、案例信息

所属课程：通信原理
章节名称：绪论
授课教师：梁微（副教授）

二、课程介绍

"通信原理"课程旨在系统介绍现代通信系统的基本概念、基本原理和基本分析方法，可作为普通高等学校通信、电子、信息、计算机等专业本科生教材。第 1 章"绪论"部分主要介绍通信的基本概念，如通信的定义、通信系统的组成、分类和工作方式，衡量通信系统的主要性能指标等。

三、案例教学目标

本章节的教学目标即熟悉通信系统的基本组成、通信系统分类及通信方式;同时掌握信息及其度量方法;最终掌握模拟和数字通信系统的主要性能指标。

四、案例思政目标

本章节主要是给同学们建立一个宏观的现代通信系统构架的概念,在讲述课程的过程中坚定学生对国家科学发展、生态发展政策的认同,增强国际视野,满怀爱国热情,勇担民族复兴使命,发扬时代精神。通过引入国家"新基建"的政策,帮助学生树立履行时代使命的责任担当,激发学生学习报国的理想情怀;加强了学生的社会主义职业道德与规范修养;助力正确世界观、人生观和价值观的形成。

五、案例设计及实施过程

本章节的课程讲授分为两个阶段:第一个阶段介绍通信系统的基本组成、主要内容、通信系统的概念和基本原理,也是"通信原理"课程的重要基础。对于通信系统每个部分进行相应的解释和说明,其中通信系统基本组成如图3-15所示,通过该图使学生对通信系统有一个初步认识。

图3-15 通信系统基本组成

在介绍通信系统每个组成部分的内容时引入国家在2020年初提出的"新基建"布局和建设。首先介绍"新基建"的概念即新型基础设施建设,其中主要包括5G基站建设、特高压、城际高速铁路和城市轨道交通、新能源汽车充电桩、大数据中心、人工智能、工业互联网七大领域(见图3-16),涉及诸多产业链,是以新发展为理念,以技术创新为驱动,以信息网络为基础,面向高质量发展需要,提供数字转型、智能升级、融合创新等服务的基础设施体系。

图3-16 "新基建"包含的七大领域

(资料来源:http://mms1.baidu.com/it/u=2871593686,1319805631&fm=253&app=120&f=JPEG&fmt=auto&q=75? w=640&h=358)

并举例目前新基建的发展现状,目前"新基建"处于起步阶段具有巨大的投资空间。在5G领域,国家正在启动全面的独立组网5G基础网络建设,三大运营商计划2020年内要建成60万个基站;在数据中心领域,因为大数据和人工智能广泛应用,算力需求大幅增长,互联网龙头企业争相建设超大规模的数据中心,武汉、重庆、南京等城市掀起新一轮算力城市竞争热潮;在工业互联网领域,许多大型工业企业,例如海尔、TCL、三一重工、徐工集团等,都在加快建设行业的工业互联网平台,部署与机械装备相互连接的边缘计算网络;在人工智能领域,百度、旷视、依图等企业正在建设人工智能开放平台,在自动驾驶、人脸识别、医疗读片等领域支撑生态化发展。其次,"新基建"将会催生大量的新业态。正如互联网的普及,带来了淘宝、京东主导的电商时代;移动互联网的普及,带来了微信、滴滴等主导的社交和共享经济时代;4G网络的普及,带来了无线宽带应用时代。随着"新基建"成为现实,"新基建"的"网络效应"会带来指数型的增长,带来大量目前无法预知的高成长的新业态。最后,"新基建"会加速中国经济"全面在线"时代到来。随着"新基建"成为现实,不仅原生的数字化产业将得到更加蓬勃的发展,许多传统的服务业和制造业也将成为在线的产业,中国的产业数字化水平和互联网技术水平也将进一步提升,随之所带来的是整体经济运行更加透明的信息传递、更少的中间环节和更加高效的资源组织方式,"新基建"有可能是支撑中国经济发展新动能的关键。

第二个阶段,引入习近平总书记的重要讲话。

习近平总书记在浙江考察时强调:"要抓住产业数字化、数字产业化赋予的机遇,加快5G网络、数据中心等新型基础设施建设,抓紧布局数字经济、生命健康、新材料等战略性新兴产业、未来产业,大力推进科技创新,着力壮大新增长点、形成发展新动能。"通过对习近平总书记重要讲话的解析,引导学生将所学知识与国家建设联系起来,即学生课堂学习的基础知识将会为未来国家重要科学技术的发展打下坚实的基础,激发学生热爱祖国和建设祖国的热情。

案例八十五:掌握EDA核心关键技术破解专业领域卡脖子难题

一、案例信息

所属课程:电子设计自动化
章节名称:绪论
授课教师:谢红梅(副教授)

二、课程介绍

"电子设计自动化(EDA)"课程是一门重要的专业基础课,主要学习以数字电路为主的集成电路设计和工程应用,了解掌握EDA技术和工具、可编程逻辑器件应用系统设计和数字系统硬件电路设计的基本方法、软件工具、编程语言和仿真验证工具,希望通过该课程的学习,为今后的学习工作打下坚实的基础,提高学生数字系统设计水平。

适用专业:电子科学与技术专业必修,其他相关或相近专业的专业选修。

课程主要内容包括:算法设计、集成电路模块设计、印刷电路板设计、大规模集成电路应用系统设计的基本原理和工具的使用。

该课程是电子信息学院2021年首批认定的一流课程,采用传统授课和翻转课堂相结合的授课方式进行教学活动。

三、案例教学目标

通过"绪论"部分的学习,达到以下教学目标:

1. 了解课程涵盖的内容和理论技术的重点和难点,同时对专业发展动态和发展趋势有所了解。

2. 了解课程知识在航空、航天、航海三航领域和其他如计算机通信、检测等民用领域的典型应用。

四、案例思政目标

本案例实施后能够达到的思政育人主题和效果包含如下两点:

1. 通过讲解行业国内外发展现状和未来趋势,培养学生的国家忧患意识,培养学生"为中华民族伟大复兴"的家国情怀;

2. 梳理学生责任担当意识,树立勇担民族复兴的使命意识。

五、案例设计及实施过程

教学过程按如下几步进行:

1. 专业领域新闻事件导入:中兴和华为事件的启示与思考;

2. Top100EDA模型降阶经典论文盘点:前5名几乎没有中国的。

3. EDA设计流程和常用软硬件介绍:常用的硬件5大公司均是国外的,软件也几乎清一色是国外的。结合事实引出我国在本领域的地位亟待提高,结合习近平总书记关于"关键核心技术"的论述,引领学生认识到提高自主创新的重要性和紧迫性。

4. 翻转课堂形式讨论EDA设计的流程和关键技术与发展趋势。

案例八十六:二进制幅度键控

一、案例信息

所属课程:通信原理
章节名称:数字信号的频带传输
授课教师:林文晟(副教授)

二、课程介绍

"通信原理"全面介绍现代通信系统的基本原理、基本性能和基本分析方法,既有很强的理论性和系统性,又有很强的工程性和实践性。通过本课程的学习,使学生掌握通信原理的基础知识和基本技术,掌握通信系统一般问题的分析方法,具备一定的分析和解决通信系统设计中的工程实践问题的能力,为后续相关专业课程的学习打下坚实的基础。在"通信原理"课程建设过程中,课程组充分结合中外科技竞争的鲜活案例,挖掘、发挥课程自身所蕴含的思政教育元素,培养学生的家国情怀,激发学生追求卓越、引领未来的奋斗精神,达到课程思政的教学成效。

三、案例教学目标

本案例的教学目标如下:

1. 素质目标:

(1)培养学生的家国忧患意识、国际视野和科技创新精神;

(2)激发学生的报国理想情怀,敢于担当责任使命。

2. 知识目标:

(1)了解二进制幅度键控(2ASK)与前述章节的逻辑关系;

(2)理解 2ASK 的基本原理;

(3)掌握 2ASK 的调制解调方法。

3. 能力目标:

(1)通过对 2ASK 的时域/频域信号波形分析,培养学生从多角度观察客观事物的能力;

(2)通过探究 2ASK 调制信号的频域波形在解调过程中的变化,引导学生形成逆向思维解决问题的能力。

四、案例思政目标

本案例的思政目标如下:

1. 家国情怀和民族精神:通过孟晚舟归国的陆空通话,使学生对"祖国永远是你最强大的依靠"感同身受;通过孟晚舟被加拿大非法扣押 1 028 天仍然不屈不挠来激发学生的民族精神;

2. 报国志向:通过调制/解调和留学/归国的类比,帮助学生对 2ASK 原理的理解和记忆,另一方面引导学生留学后回来报效祖国。

五、案例设计及实施过程

本案例实施过程分为以下两个阶段:

(一)晚舟归航

2ASK 为数字调制章节的第一部分内容,在引言部分,由"华为公司掌握了世界领先的数字调制技术"引入,然后讲述美国使用不正当手段妄图遏制华为 5G 发展,暗通加拿大非法扣押孟晚舟 1 028 天,但孟晚舟和华为全体员工为了国家利益不屈不挠,坚持民族气节,克服艰难困苦,最终在国家和政府的不懈努力下顺利归国。在孟晚舟专机即将落地深圳机场时,地面塔台通过陆空通话欢迎孟晚舟回家,并对她说:"祖国永远是你最强大的依靠。"

最后,由陆空通话采用的通信技术引出数字调制的课程内容。

上述思政教学主要采取学生"自我涌现"的方式进行,打开了学生的国际视野,体会到国际竞争对手的凶狠险恶,对国际竞争对手非法、不人道的限制人身自由行为感到愤慨,理解国家和个人利益的统一性,从而激发学生的爱国情怀和民族精神。

(二)留学报国

在介绍完 2ASK 信号的解调原理之后,对 2ASK 的调制和解调进行归纳总结,采用类比的方式帮助学生记忆,如图 3-17 所示。将信号类比为学生,载波类比为飞机(载具),调制类比为坐飞机去留学,解调类比为坐飞机回国。由于毒品枪支在某些国家合法,从国外入境可能会携带一些违禁物品,因此下飞机后需要通过海关查验,这就类似于解调过程最后的低通滤波。我们并不能直接从调制之后的高频信号获取我们想要传输的信息,高频信号需要经过解调才能发挥作用,所以也鼓励同学们留学之后回国报效祖国,积极发挥自己的作用。

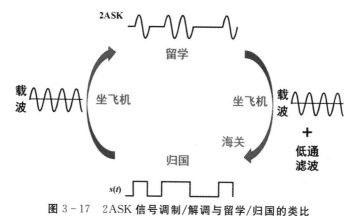

图 3-17　2ASK 信号调制/解调与留学/归国的类比

上述思政教学主要采取学生"教师引导"的方式进行,通过类比比喻的方式提高课堂的趣味性,减少学生对知识枯燥无味的感受,同时引导、鼓励学生留学之后回国报效祖国。

案例八十七:中兴事件和华为事件引发的思考及国内封测厂商的崛起

一、案例信息

所属课程:大规模集成电路 CAT
章节名称:芯片测试概念
授课教师:陈楠(副研究员)

二、课程介绍

电子类大三本科学生的专业选修课程,课程的主要目标是让学生在集成电路方向的基础理论课程和专业课程的学习基础上,进一步了解集成电路完整产业链中的后端核心流程,即封装与测试环节的相关基本理论知识和专业技术方法,有助于学生形成对集成电路的体系性的了解和认识。

三、案例教学目标

知识目标:介绍芯片测试与封装的基本概念,阐释芯片测试与封装产业的发展历程,以及我国封测产业的发展历程和奋斗史。

能力目标:大体预测芯片封测产业的未来发展方向,预判热门的研究方向。

四、案例思政目标

1. 通过中兴事件和华为事件,让同学们正视国内外在集成电路产业上的差距,激发学生努力学习,报效祖国的热情。

2. 通过国内封测厂商的崛起故事,鼓励学生培养克服困难、勇往直前的信念,同时建立学生的民族自信心。

五、案例设计及实施过程

1. 首先介绍中兴和华为事件的基本情况。用新闻和事实,展示以美国为首的西方国家对我国集成电路行业的封锁。

2. 封测企业的崛起。当然,对我国的打压,是挑战更是机遇,我们应该抓紧时间,努力实现核心技术的自主可控制,建设世界科技强国,用创新引领发展。把关键核心技术掌握在自己手中,牢牢掌握创新主动权、发展主动权。对于同学们来说,需要更加努力学习,夯实基础知识,为国学习,为国家的发展和荣誉而不懈奋斗。

3. 通过我国芯片封装与测试行业的崛起建立民族自信心。封装与测试行业是国内加入集成电路产业的切入点,经过十几年的努力,国内封测企业的技术实力和销售规模稳居世界第一梯队。由于技术创新和价格优势,我国封测企业早已抢占了美国、日本、韩国等国的市场份额。2018年以后,我国逐渐形成了以长电科技、华天科技和通富微电为引领的格局,他们稳居世界前十名。晶方科技公司是中国大陆首家、全球第二大能为影像传感芯片提供WLCSP量产服务的专业封测服务商,拥有全球第一条12英寸传感器用硅通孔晶圆级先进封装量产线,全球市占率超过50%。用数据向学生展示封装与测试行业的实力,树立民族自信心。

第四章　故事系列

案例八十八：有创新意识，在熟知的事物上深究，并坚持不懈

一、案例信息

所属课程：电磁场与电磁波（英）
章节名称：电磁场基本理论
授课教师：赵惠玲（教授）

二、课程介绍

"电磁场与电磁波"是电子信息和通信等电子类专业的一门重要的必修专业核心基础课。该课程是后续专业基础课程"微波技术与天线"，专业课"微波电子线路""微波测量"等学习的基础。

通过该课程的学习，使学生对宏观电磁场与电磁波的基本概念和规律有深入完整的理解，掌握麦克斯韦方程组的含义及其应用，了解媒质的电磁特性及电磁边界条件，学会定量计算简单电磁场和电磁波问题的基本方法，具备对简单工程电磁问题的分析能力。

三、案例教学目标

通过第2章"电磁场基本理论"中麦克斯韦第一、第二方程的学习，实现下述教学目标：
1. 理解电场与磁场的基本概念，掌握基本求解方法；
2. 理解麦克斯韦第一方程的物理意义，掌握其应用，达到能解决简单工程问题的目的；
3. 理解麦克斯韦第二方程的物理意义，掌握其应用，达到能解决简单工程问题的目的。

四、案例思政目标

1. 任何一项科研成果的诞生都是与时代的科技、工业发展息息相关，要能耐得住寂寞，

蓄势待发；

2. 有创新意识，不迷信权威，善于对熟识的事物深挖，并能够坚定信念，坚持不懈。

五、案例设计及实施过程

人们早期认识的电和磁是相互割裂的，库伦在发现了电荷作用定律之后，通过实验断言电和磁是没有关系的，不可能相互转换。但人们通过观察大自然，知道电和磁似乎又有关系。直到伏打电堆的出现，使得大电流在实验室产生成为可能，奥斯特修正了电流产生磁效应的方向，认为这个磁效应有可能是横向的。基于当时的工业基础和大胆的设想，奥斯特发现了电流的磁效应。

在奥斯特之前，为什么有很多科学家致力于探索电流的磁效应，而没有结果？一方面，由于有地磁存在，电流必须足够大，才能抵抗地磁影响；另一方面，人们不知道电流的方向和磁是垂直的。因此，任何一项科研成果的诞生都是与时代的科技、工业发展息息相关，要有创新意识，不迷信权威。

奥斯特发现了电流的磁效应之后，受到科学界的高度关注。但法拉第没有止于此，他仔细分析了电流的磁效应，提出了既然电流能产生磁，磁能否产生电的疑问，并致力于寻找答案。经过 10 年坚持不懈的实验，无数次的失败，终于发现只有动磁才能产生电。另外，他还修改奥斯特的实验，将磁针改为铁粉，从而提出场的概念，引入电力线和磁力线分别用来描述电场和磁场，这是对当时传统观念的重大突破。

法拉第是靠自学成才的科学家，对科学具有浓厚的兴趣，个人谦卑自抑，不求名利，在科学探索的征途上辛勤奋斗，坚持不懈。1825 年，他已小有名气，不少公司和厂家出重金聘请法拉第为技术顾问，面对 15 万镑的财富和没有报酬的学问，法拉第选择了后者。1851 年，法拉第被一致推选为英国皇家学会会长，他也坚决辞掉这个职务，全身心投入科学研究事业，终生过着清贫的日子。

案例八十九：电与磁的完美对称 I

一、案例信息

所属课程：电磁场与电磁波（英）
章节名称：电磁场基本理论
授课教师：赵惠玲（教授）

二、课程介绍

"电磁场与电磁波"是电子信息和通信等电子类专业的一门重要的必修专业核心基础

课。该课程是后续专业基础课程"微波技术与天线",专业课"微波电子线路""微波测量"等学习的基础。

通过该课程的学习,使学生对宏观电磁场与电磁波的基本概念和规律有深入完整的理解,掌握麦克斯韦方程组的含义及其应用,了解媒质的电磁特性及电磁边界条件,学会定量计算简单电磁场和电磁波问题的基本方法,具备对简单工程电磁问题的分析能力。

三、案例教学目标

通过第 2 章"电磁场基本理论"中全电流安培环路定律的学习,实现下述教学目标:
1. 理解位移电流的基本概念;
2. 理解全电流安培环路定律的物理意义;
3. 理解电磁波存在的原因。

四、案例思政目标

1. 麦克斯韦之所以取得卓越的科研成果,与他具有很强的数学能力分不开;
2. 从井然有序的世界获得灵感。

五、案例设计及实施过程

麦克斯韦涉足电磁学领域之前,库仑定律、安培定律、法拉第电磁感应定律等已被发现,但并没有建立起系统的、完整的电磁理论。年轻的麦克斯韦对法拉第的研究成果非常感兴趣,首先将法拉第的力线思想用数学精确地表述出来,并在法拉第的鼓励下,从数学角度深入研究电和磁的关系,引入"位移电流"的概念,推导出变化的电场和变化的磁场满足的微分方程式,并预测电磁波的存在。麦克斯韦在电磁场理论的经典巨著《电磁学通论》中,用简洁、对称、完美的数学形式将当时的电磁学研究成果进行了概括,形成麦克斯韦方程组,从而建立起完善的电磁学理论。

课堂教学中,在非稳恒情形下,讨论含平行板电容器的一个简单电路,应用安培环路定律时,会得出相互矛盾的结论,为解决这一矛盾,将位移电流引入。这样的设计便于学生对位移电流的理解。

案例九十:科技发展新篇章,由中国人自己书写

一、案例信息

所属课程:模拟电子技术基础(英)
章节名称:绪论

授课教师：崔力（讲师）

二、课程介绍

本课程是电子信息类专业本科生的学科基础课程，具有较高的工程和实践性要求；在四年制本科学习中起着非常重要的承接作用，是本科专业课程后续学习以及就业的重要基础。本课程在介绍半导体器件基本知识的基础上，重点掌握二极管电路、三极管放大电路、场效应管放大电路、功率放大电路、集成运算放大器及有源滤波器、负反馈放大电路、功率放大电路与直流电源等低频电子线路的电路工作原理、分析方法和一般设计方法。

三、案例教学目标

通过该案例教学，使学生能够了解电子科学的发展史、新进展和未来趋势，为后续章节的学习打下一个比较牢固的基础，并培养对电子科学的浓厚兴趣及增强对其重要性的认识。

通过课程"绪论"的学习，实现下述教学目标：

1. 了解电子学的基本概念，理解学习"模拟电子技术基础"课程的重要性和必要性；
2. 通过学习近代电子技术发展简史，了解推动电子发展的潜在力量和最新趋势。

四、案例思政目标

1. 坚定学生对我国国情国策和科学发展观念的认同，树立爱国热情，承担起民族复兴、国家富强的责任。

2. 帮助学生遵守社会主义核心价值观和职业道德规范，勇敢承担时代赋予的重任，积极投入为国奋斗的行列中。

3. 培养学生国家安全意识忧患意识，只有居安思危才能经受住各种考验。

4. 培养学生科学报国情怀，创新、钻研和奉献精神。

5. 培养学生的民族自信心和自豪感，任何事情不要怕起步晚，重要的是要有"咬定青山不放松"的毅力和精神。

6. 培养学生学习报国和科研报国的志向，坚定不怕困难、不怕寂寞和科学创新的精神，帮助我国在世界电子技术发展史上留下浓墨重彩的一笔。

五、案例设计及实施过程

在实际教学过程中，准备将近代电子科学发展历程和当前电子科学的最新进展相结合，并把电子学科发展的历史和当代中国研究人员的创新精神和成就相结合。中国这个拥有"四大发明"的古老国度一定会在新时代科技发展史上书写出浓墨重彩的一笔。

众所周知，电子科学技术发展主要受经济和战争因素驱动。在战时，国家有能力调用大量的人力和物力资源用于战时所需科技的研发和生产，很多民用技术（例如微波雷达和大型计算机）最初也是首先应用在军事领域。纵观电子科学与技术发展，我们发现这门学科主要是由西方创立并持续发展的。这也造成了电子科技发展史上的名人大多是西方面孔。近代大规模集成电路这门学科也主要由美国人开创并长期主导的。随着近年来中国集成电路科技水平接近于美国,美国能够通过技术垄断和建立联盟等手段限制中国购买光刻机等重要设备和原材料。

在集成电路领域做出贡献的重要人物有:

美国贝尔实验室的威廉·肖克利(William Shockley)、约翰·巴尔丁(John Bardeen)和沃尔特·布拉顿(Walter Brattain)共同发明了世界上第一个晶体管;

杰克·基尔比(Jack Kilby)领导美国德州仪器公司研发出世界上第一个集成电路。

虽然美国垄断着集成电路的部分关键技术,我们也需要帮助学生认识到:随着多年的追赶中国在电子科学领域也已经和西方基本并驾齐驱且在个别领域实现了弯道超车。我们仅仅从众多事例中列举一个:

近年,上海复旦大学微电子学院的张卫教授团队研制出了全球第一个半浮栅晶体管(SFGT,见图4-1),其创新性成果已发表于国际顶级期刊。半浮栅晶体管是一种新型的微电子器件,其成功研制表明我国已经开始掌握了集成电路的核心技术,在芯片设计与制造技术上全面突破西方的垄断与封锁。

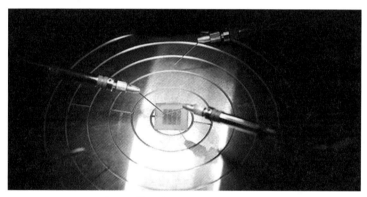

图4-1 世界上第一个半浮栅晶体管(SFGT)的诞生

(资料来源:http://mms0.baidu.com/it/u=3794334683,1987041868&fm=253&app=138&f=JPEG&fmt=auto&q=75？w=500&h=254)

众所周知,浮栅晶体管是从金属-氧化物-半导体场效应晶体管(MOSFET)发展而来的新型半导体器件。基于该技术制造的闪存也被称为"非挥发性存储器"。这里"非挥发"就是指:在没有外接供电的情况下,芯片上的信息仍被保存而不会丢失。由于该器件在写入擦除时都需要让电流通过较厚的氧化硅介质,它就需要很高的操作电压及时间。

为了解决此问题,张卫教授团队创造性地将隧穿场效应晶体管(TFET)和浮栅器件进行结合,构造出了一种全新的"半浮栅"结构器件,即半浮栅晶体管。这种新颖的结构设计极大降低了数据擦写的难度和耗时。由于数据擦写完全可以在低电压下操作,该技术为实现我国未来低功耗芯片的设计制造提供了广阔前景

从这个案例中,我们可以看出"任何科学技术都是人研发出来的,而不是神的恩赐"。青年学生一定要坚定政治信仰,只要我们"勤劳肯干、勇于创新",世界科技的巅峰上一定会有中国力量的不断壮大。

案例九十一：回忆中国第一个晶体管的诞生

一、案例信息

所属课程：模拟电子技术基础（英）
章节名称：双极结型晶体管
授课教师：崔力（讲师）

二、课程介绍

本课程是电子信息类专业本科生的学科基础课，具有工程性和实践性强的特点；在四年制本科学习中起着承上启下的作用。本课程主要内容包括半导体器件、基本放大电路、集成运算放大器与有源滤波器、负反馈放大电路、功率放大电路与直流电源等。

三、案例教学目标

通过该案例教学，使学生了解电子科学的发展史、新进展和趋势，熟练掌握双极结型集体管的性能、参数和使用方法，建立模拟放大电路的一般概念，牢固掌握常用放大电路的组成、工作原理、性能特点、分析方法和工程计算方法，理解集成电路取代分立元件的背景和必要性，掌握集成运单放大器的参数工作原理和简单应用，为电子系统的工程实现和后续课程学习打下必备的基础。

通过课程"双极结型晶体管"的学习，实现下述教学目标：
1. 学习双极结型晶体管的构造和工作原理；
2. 学习双极结型晶体管的主要偏置方式；
3. 学习小信号放大器的工作方式和工作原理。

四、案例思政目标

1. 坚定学生对我国国情国策和科学发展观念的认同，树立爱国热情，承担起民族复兴、国家富强的责任。
2. 帮助学生遵守社会主义核心价值观和职业道德规范，勇敢承担时代赋予的重任，积极投入为国奋斗的行列中。
3. 培养学生国家安全意识和忧患意识，只有居安思危才能经受住各种考验。
4. 培养学生科学报国情怀，创新、钻研和奉献精神。
5. 帮助学生树立正确的世界观、人生观和价值观，培养科技报国的志向，以及创新、钻研和奉献精神。
6. 帮助学生勇敢承担时代担当，积极投入为国奋斗的行列中。
7. 培养学生为中国科技发展奋斗终生的志向。

五、案例设计及实施过程

教学过程：准备在专业知识教学的间隙利用 5~10 分钟的时间介绍一下为中国电子科技发展做出卓绝贡献的著名科学家吴锡九（见图 4-2）。

图 4-2 1956 年回国前夕的吴锡九同志

(资料来源：http://mms1.baidu.com/it/u=2493968248,2174606410&fm=253&app=138&f=JPEG&fmt=auto&q=75? w=358&h=433)

吴锡九，就读于南洋模范中学，毕业后赴美学习，1953 年，以总成绩第一名毕业于美国加州大学伯克利分校电子工程系，继而获得麻省理工学院硕士学位。在麻省理工学院学习期间，吴锡九先后接触了少克莱的经典著作《半导体中的电子与空穴》以及世界顶级计算机（旋风式计算机），因此也树立了选择投身半导体专业，科技报国的决心。1956 年吴锡九毅然追随钱学森回国，在中科院工作 22 年，是中国第一代晶体管、晶体管计算机和微型计算机的奠基人。

根据"四项紧急措施"的部署，1956 年应用物理所半导体研究室，在王守武、吴锡九等领导下，开展半导体锗的研究工作，完成锗单晶的提纯、掺杂工艺和锗晶体管研制，参与者有二机部华北无线电元件研究所、南京工学院等单位。到 1958 年初，已能够控制锗单晶的导电类型、电阻率以及少数载流子寿命，达到了器件生产对材料的要求。1958 年，吴锡九与其团队成功研制和孕育出我国第一个晶体管，填补了中国在该领域的空白；1959 年至 1960 年间，吴锡九又马不停蹄地投入到 109 计算机研制和创办 109 厂工作中，最终 109 计算机获得成功，成为当时亚洲运算速度最快的计算机，由于该机在原子弹研发过程中被使用且做出了较大贡献，故被誉为"功勋计算机"；1965 年，吴锡九又投入到中国第一台微机的研制工作中，在代号为"156 工程"中奋战。他同时是我国在导弹陀螺仪制造的专家。

通过对吴锡九同志事迹的介绍，帮助学生树立"国家兴旺，匹夫有责"的责任感和义务观。当代青年应该"急国家所急，想国家所想"，主动承担国家的科研攻关等重要任务，帮助祖国尽快实现"从无到有"的重大突破。纵观吴锡九的一生，他的一生是不断响应国家号召，转换个人努力方向，为科技强国做出卓越贡献的一生。

案例九十二：从集成电路诞生，看我国自主研发之路

一、案例信息

所属课程：模拟电子技术基础（英）
章节名称：集成运算放大器
授课教师：崔力（讲师）

二、课程介绍

本课程是电子信息类专业本科生的学科基础课程，具有较高的工程实践要求；在四年制本科学习中起着非常重要的承接作用，是本科专业课程后续学习以及后续就业的重要基础。本课程在介绍半导体器件基本知识的基础上，力图使学生重点掌握二极管电路、三极管放大电路、场效应管放大电路、功率放大电路、集成运算放大器及有源滤波器、负反馈放大电路、功率放大电路与直流电源等低频电子线路的电路工作原理、分析方法和一般设计方法。

三、案例教学目标

通过该案例教学，使学生能够了解电子科学的发展史、新进展和趋势，理解集成电路取代分立元件的背景和必要性，掌握集成运单放大器的参数工作原理和简单应用，为电子系统的工程实现及后续课程学习打下必备的基础。

通过课程"集成运算放大器"的学习，实现下述教学目标：

1. 了解集成电路的概念和其相对于分立元器件的巨大优势（包含经济成本和可靠性等方面）；
2. 集成运算放大器的构造、工作原理和重要参数；
3. 集成运算放大器在实际电路中的应用。

四、案例思政目标

1. 坚定学生对我国国情国策和科学发展观念的认同，树立爱国热情，承担起民族复兴、国家富强的责任。
2. 帮助学生遵守社会主义核心价值观和职业道德规范，勇敢承担时代赋予的重任，积极投入为国奋斗的行列中。
3. 培养学生科学报国情怀，创新、钻研和奉献精神。
4. 培养学生自力更生、艰苦奋斗的精神，中国人是世界上最有智慧的民族之一，只要抓住战略机遇，中国超越西方只是时间问题。
5. 帮助学生树立勇敢承担时代担当，积极投入为国奋斗的意识。
6. 培养学生国家安全意识和忧患意识，只有居安思危才能经受住各种考验。在20世纪60年代，祖国即使面对比现在更加严峻的国内外形势也造出了大规模集成电路。如果今

天国内形势发生突变,中国也完全有能力应对和取得发展。

五、案例设计及实施过程

在实际教学过程,应该帮助学生将理论和实践紧密地联系起来。我们知道,"中国当前的集成电路制造能力"是当前广大学生密切关注和激烈讨论的题。对于这个问题。我们首先需要"拨乱反正",对我们的实力进行公正评价。随后介绍60年代我们是如何在更加严峻的国内外形势下,生产出新中国的第一个大规模集成电路的。

对中国的集成电路制造能力来说,首先要肯定我们的技术并不差。中国的中芯公司已经能够量产14 nm芯片,也掌握了7 nm的生产技术。与此同时,中国台湾台积电和韩国三星在没有任何技术封锁的情况下也分别量产了5 nm和4 nm。这是中国集成电路首次和世界最高水平只有一代的差距。

此外。当前大家都很关心中国半导体技术发展的绊脚石——光刻机。上海微电子的28 nm光刻机也通过认证,投入生产。最新消息是我国已经在光刻机所需的三大技术(光源、透镜和极紫外光刻)上取得了突破。同时我们也在积极探索绕开光刻机的半导体技术。毛主席说过"一切反动派都是纸老虎"。在光刻机制造这件事情上我们只要举国之力进行研发,相信肯定可以顺利取得突破。

和历史同时期相比,我们总体上还处于战略机遇期。美国虽然对我们进行技术封锁,但也仅限定于半导体的最新技术。我们在20世纪60年代发展第一代大规模集成电路所遇到的困难才更是数不胜数,但是我们也咬咬牙一一克服了。

当时,美国摩托罗拉和IBM公司由于在集成电路设计和制造能力上的相对别国遥遥领先,由此国际上掀起了一场新的技术革命浪潮。而在同时期,由于西方国家对我国实行的技术封锁外加经济制裁,以及我国薄弱的工业基础,我国在发展集成电路技术时遇到极大阻力。

为解决该难题,国防科工委于1968年在永川建立了专门从事集成电路及相关技术研究的综合性研究所,简称为"中国人民解放军一四二四研究所",后在其旧址建立中国集成电路创业史陈列馆(见图4-3)。

图4-3 在原中国人民解放军一四二四研究所旧址建立的中国集成电路创业史陈列馆

(资料来源:http://mms1.baidu.com/it/u=2635819253,1688114597&fm=253&app=120&f=JPEG&fmt=auto&q=75? w=650&h=407)

据该所创业老员工吉春元回忆:为了解决当时生活的极度困难,他们首先从无到有地建造了豆腐坊、挂面坊、蜂窝煤站等基础设施;又由于技术封锁,全体科研人员开始从零研制出用于实验和检测的系列设备。

尽管面临如此困境,研究所全体职工怀着极大的政治热情,相继克服了多项技术挑战,并成功地于1972年6月研制出了我国第一块PMOS型大规模集成电路。该成果标志着我国集成电路技术顺利进入大规模集成领域。

除此以外,该所还创造出了我国电科学技术发展史上的多项"第一"记录,其中包括:超大规模集成电路单电源、16K位动态存储器(DRAM)、运算放大器系列、集成稳压电源和彩色电视机成套电路系列、A/D以及D/A转换器、抗加模拟电路、RF频率合成器、大规模射频接收机单片模拟集成电路等。

到1990年为止,该所在集成电路技术和产品开发上共获得重大成果总计227项,其中有半数以上获国家/省部级以上表彰奖励。

通过上述事例的介绍,我们可以强烈感受到老一辈科研工作者那种"咬定青山不放松"的艰苦奋斗精神。面对重重困难,他们"见山开山,遇水架桥",才取得了丰硕的研究和生产成果。只有这样的一生才真正算得上是"无悔的人生"。

案例九十三:"数字图像处理"在我校的发展

一、案例信息

所属课程:数字图像处理
章节名称:绪论
授课教师:王毅(副教授)

二、课程介绍

"数字图像处理"是一门多学科交叉学科。首先,视觉是人类感知信息的重要手段,图像是视觉的基础。因此,图像历来成为心理学、信息科学和计算机科学等研究视觉感知的有效工具。其次,图像处理在日常生活、工业应用等有不断增长的需求。图像获取(如照相机等)、图像打印机、图像显示器和数字印刷技术的快速发展,使得图像处理设备已不再昂贵,给图像处理的发展、应用提供了很好的条件与技术支持。

三、案例教学目标

通过本课程的学习,学生可系统地掌握数字图像处理的基本概念、基本原理、方法和应用技术,提高运用所学知识解决实际问题的能力,同时拓宽专业知识面。通过该课程的学习,满足信息与通信技术、信息处理、机器视觉、机器人、人工智能等研究与应用领域对本科生数字图像处理理论和技术的需求。

四、案例思政目标

将价值塑造、能力培养和知识传授有机融合,贯穿于课堂教学的各个环节。

挖掘和提炼课程教学过程中所蕴含的思想政治教育元素,包括爱国情怀、创新意识、科学精神等,强化学生价值塑造。

五、案例设计及实施过程

在讲述第1章"绪论"的过程中,首先需要介绍数字图像及数字图像处理的概念、重要发展历史、应用及意义。在介绍重要发展历史的过程中结合我们学校自身的发展历史。

我校1988年由赵荣椿教授出版了国内第一本《数字图像处理导论》,并作为教材开设了"数字图像处理"课程,为本科生和研究生教授相关知识。该书经过赵荣椿教授不断更新、完善,2013年作为计算机系列教材出版(《数字图像处理与分析》),2016年再次作为工业和信息化部"十二五"规划教材出版(《数字图像处理》)。此外,2008年何明一教授也出版了普通高等教育"十一五"规划教材《数字图像处理》。

在研究方面,赵荣椿教授至今已80多岁高龄,仍坚持致力于数字图像处理方面的研究,培养了诸多优秀学生,包括我校校长助理、长江学者张艳宁教授、国家级"青年千人计划"获得者夏勇教授等等。何明一教授也培养了诸多优秀学生,如国家级"青年千人计划"获得者戴玉超教授。他们作为唯一以中国大陆研究机构为第一完成单位获得图像处理领域有重大国际学术影响的2012 IEEE CVPR最佳论文奖。

通过这些实例,激发学生的学习激情、创新意识和爱国爱校情怀。

案例九十四:逆水行舟,不进则退

一、案例信息

所属课程:信号与系统
章节名称:周期信号的傅里叶级数表示
授课教师:李辉(教授)

二、课程介绍

"信号与系统"是电类专业本科生的核心技术基础课程,是通信原理和数字信号处理课程的基础,在教学中具有承前启后、继往开来的作用。本课程课程思政目标是坚持将知识传授、能力培养和价值塑造融为一体。①知识传授:掌握信号与系统的基本概念,连续系统和离散系统的时域、频域、复频域分析方法,树立分析系统的科学思想观。②能力培养:强化学生分析问题、解决复杂工程问题的实践能力,锻炼学生的高阶思维能力,增强学生的自主学习能力。③价值塑造:结合学校国防特色、时代特征以及课程特点,充分挖掘西工大现象和学科专业背后的思政元素,培养学生爱国奋斗的使命担当、锲而不舍的科学精神、敢于质疑的思辨能力以及健康高尚的道德情操。

三、案例教学目标

1. 了解正交函数与正交函数集、完备正交函数集的概念;
2. 理解频域分析的基本思想和重要意义;
3. 掌握周期信号的傅里叶级数展开。

四、案例思政目标

1. 使学生树立科学的思想观。
2. 了解基础理论与上层建筑的关系。
3. 明白行百里者半九十。

五、案例设计及实施过程

1. 信号的正交分解是指将连续时间信号进行正交展开,其实质是运用数学方法将信号转换为将三角函数或虚指数加权之和的形式。

2. 傅里叶(见图 4-4)介绍:法国著名的数学家,物理学家。他于 1768 年 3 月 21 日出生在法国中部的一个平民家庭,其童年生活十分艰苦,9 岁时父母双亡,被当地教主收养。随后,在地方军校读书学习,并在 1795 年任巴黎综合工科大学助教。

图 4-4 傅里叶

(资料来源:http://mms2.baidu.com/it/u=4118679543,3314946613&fm=253&app=138&f=JPEG&fmt=auto&q=75? w=335&h=409)

1795 年,当巴黎综合工科学校成立时,傅里叶被任命为助教,从事数学教学工作。

1807 年,他向科学院呈交了一篇很长的论文,题为"热的传播",在其论文中,他运用正弦曲线对温度分布进行定义,并得出了一个结论:任何连续周期信号可以由一组适当的正弦曲线组合而成,引起大家的强烈讨论和质疑。

1822 年,傅里叶出版了专著《热的分析理论》,该专著将特殊场景下的三角级数形成了完整的理论基础。由此,三角级数以傅里叶的名字命名为傅里叶级数。后来,又提出了"傅里叶积分"的概念来解决无穷区域热传导问题,这一系列的理论研究基础也促使偏微分方程边值问题的研究得到迅速发展。《热的分析理论》的提出对数学领域和科学领域的研究影响深远,时至今日也是我们解决理论研究的重要数学工具。

3. 将时域信号转换为正弦类信号,使信号的频域分析成为一种可能,并由此分析为基础创造了众多具有理论性和实用价值性的科研成果,包括抽样定理、Parseval 能量守恒定理和快速傅里叶变换 FFT 等。因此,在当下科技飞速发展的新世纪,青年人更应该努力学习理论知识,打好理论基础,为祖国的科技强国战略部署贡献知识力量,以此回报祖国多年的培养和给予的安定学习环境。

4. 在傅里叶级数提出之前,欧拉(Euler)也曾提出过将时域信号进行频域分析的相近理论,但该理论提出时引起研究人员的强烈讨论,所以欧拉终止了此项研究的深入进行。多年以后该理论又被傅里叶提出,并形成了完成的理论体系。这一发展历程告诉我们对于科学研究更需要坚持的精神,同时也提醒同学们要坚持自己的目标,不要轻易放弃,不然你与成功将擦肩而过。

案例九十五:电与磁的完美对称 II

一、案例信息

所属课程:电子设计自动化实验
章节名称:电子琴综合应用实验
授课教师:谢红梅(副教授)

二、课程介绍

"电子设计自动化实验"属于综合实践类课程,通过教师示范和学生实验操作,使得学生熟悉掌握 CPLD、FPGA 器件的工程应用设计方法、流程、仿真验证、硬件实现步骤。学生学会相关 EDA 软件平台 Quartus 和 ISE 的使用,掌握 EDA 设计必需的设计输入、编译、综合、仿真、下载和电路验证等环节。

适用专业:电子科学与技术专业必修、其他相关或相近专业的专业选修。VHDL 或 Verilog HDL 语言进行中等复杂数字电路和系统的设计。学生熟悉基于 FPGA 器件的试验箱和开发板的使用,为今后的工程研发打下良好基础。

三、案例教学目标

知识目标:实现音频信号的录入,播放和弹奏的 PLD 平台设计和验证。
能力目标:
1. 能够综合运用专业知识及相应硬件平台设计测试电子系统;
2. 具有开发电子系统必备的工程知识、能够分析问题,设计软硬件,能够使用现代工具对复杂问题选择适当工具进行建模和预测;
3. 具有创新意识与能力,能够通过自我学习持续发展,具备持久竞争力。

四、案例思政目标

本案例实施后能够达到的思政育人主题效果：
1. 热爱科学献身科学的精神的培植；
2. 学以致用的工程实践理念的培养；
3. 本案例实施后能够达到学生乐学、好学、学好。

五、案例设计及实施过程

基于 PLD 的电子琴可以播放任意存储的乐曲。并支持按键弹奏功能。

在实验引入之前介绍科学家的成就和故事，尤其是阿基米德去世时的故事（见图 4-5），培养学生爱科学、献身科学的高尚情怀。

图 4-5 阿基米德及其事迹

（资料来源：http://mms0.baidu.com/it?u=481616597,4057532505&fm=253&app=138&f=JPEG&fmt=auto&q=75? w=554&h=446）

同时为了引起学生的兴趣，将实验内容与校园迎新活动结合，演示实验提供语音导航和音乐播放的功能。

案例九十六：胡正明，以一己之力续命摩尔定律数十年

一、案例信息

所属课程：数字集成电路分析与设计
章节名称：硅片上的器件结构
授课教师：邵舒渊（高级实验师）、邵楠（博士后）

二、课程介绍

集成电路是近几十年迅猛发展起来的重要新兴技术,是计算机、雷达、通讯、电子技术、自动化技术等信息科学的基础。学生通过"数字集成电路分析与设计"课程学习数字集成电路分析与设计的基本知识。了解数字集成电路的基本设计方法与基本的计算机辅助设计工具。此课程面向初次接触集成电路设计的学生。从介绍集成电路的简短历史开始,然后介绍集成电路设计的基本流程和分工。介绍数字电路设计中的核心模块设计,并对电路设计、仿真、验证以及互连的构造等分析和设计进行了介绍。

三、案例教学目标

通过讲述集成电路发展历程中的华人科学家故事,让同学了解集成电路产业发展过程中,华人科学家在其中所起到的重要作用,使同学在了解行业技术背景的过程中,了解华人在技术发展与进步过程中起到的关键、重要的作用,从而建立起民族自信心。

四、案例思政目标

在世界集成电路产业发展过程中,有许多华人科学家为集成电路产业的发展起到了关键性的作用。没有他们的贡献,集成电路产业发展,达不到现在这样的水平。

通过讲述华人科学家的故事,让同学建立起民族自信心。

五、案例设计及实施过程

胡正明(见图4-6),1947年7月出生于中国北京,微电子学家,美国国家工程院院士、中国科学院外籍院士,美国加州大学伯克利分校杰出讲座教授。

图 4-6 胡正明

(资料来源:http://mms2.baidu.com/it/u=831769434,190146380&fm=253&app=138&f=JPEG&fmt=auto&q=75? w=500&h=678)

胡正明于1968年从台湾大学电机系毕业;1969年赴美国加州大学伯克利分校留学,先后获得硕士、博士学位;1973年博士毕业后前往麻省理工学院任助理教授;1976年回到加州大学伯克利分校电子工程与计算机科学系任教；1996年创办思略微电子有限公司兼任董事长；1997年当选为美国国家工程院院士；1999年开发出了鳍式场效应晶体管；2001年至2004年担任台积电首任技术执行长；2004年回到加州大学伯克利分校任教；2007年当选中国科学院外籍院士；2008年担任闪迪公司董事；2015年获得美国国家技术创新奖；2016年获得美国国家科学奖章；2017年加入台湾交通大学半导体学院。

胡正明的主要科技成就为：领导研究出BSIM，从实际MOSFET晶体管的复杂物理推演出数学模型，该数学模型于1997年被国际上38家大公司参与的晶体管模型理事会选为设计芯片的第一个且唯一的国际标准；发明了在国际上极受注目的FinFET等多种新结构器件；对微电子器件可靠性物理研究贡献突出：首先提出热电子失效的物理机制，开发出用碰撞电离电流快速预测器件寿命的方法，并且提出薄氧化层失效的物理机制和用高电压快速预测薄氧化层寿命的方法。首创了在器件可靠性物理的基础上的IC可靠性的计算机数值模拟工具。1999年开发出了鳍式场效应晶体管（FinFET）。

胡正明从1981年以来与电子科技大学、中国科学院微电子所、北京大学、清华大学、复旦大学、浙江大学等校进行合作研究并作学术讲座，协助推动在中国召开国际会议。

胡正明认为创新人才的培育，更精确地说，应该是培养能够解决问题的人才，要成为"解决问题者"所需具备的特质包括：喜欢解决问题、愿意学取新知、愿意努力工作，以及对自己有信心等，这些都是让自己成为"解决问题者"的关键因素。如此才能成就一项项的创新，无论是发明前所未有的事物，或是解决一件过去难以突破的难题。他强调，年轻人最重要的就是要有自信，"别人真心称赞你时，你要欣然接受；别人的赞美似乎不太诚恳时，你也要强迫自己相信，总而言之，你要利用每一次的机会增强自信，甚至，当没有别人赞赏你时，你也要肯定自己。"事实上，在不同场合中，胡正明皆多次提到肯定自己的重要性，"要对自己有信心，如此才有能量一步一步解决更困难的问题。"

案例九十七：萨支唐，硅谷发展之初的"教父"级华人科学家

一、案例信息

所属课程：集成电路工艺技术
章节名称：绪论
授课教师：邵舒渊（高级实验师）、邵楠（博士后）

二、课程介绍

半导体科学是一门近几十年迅猛发展起来的重要新兴学科，是计算机、雷达、通讯、电子技术、自动化技术等信息科学的基础，而"半导体集成电路工艺"主要讨论集成电路的制造、加工技术以及制造中涉及的原材料的制备，是现今超大规模集成电路得以实现的技术基础，与现代信息科学有着密切的联系。

三、案例教学目标

通过对第 1 章"绪论"的学习,实现如下教学目标:

1. 通过介绍半导体工艺、产业的发展历史,了解课程的主要研究内容,以及课程的性质、特点和学习方法;

2. 了解课程知识的应用背景以及相关的应用领域;

3. 通过本案例故事的讲述,让同学了解华人科学家在半导体产业技术发展过程中所起到的重要作用,从而对产业历史与发展过程有一个全面、深入的了解。

四、案例思政目标

介绍华人在半导体产业发展过程中起到的重要作用,通过讲述早期硅谷重要华人科学家的故事,通过对早期半导体集成电路产业发展历史以及技术发展过程中华人科学家在科技方面的卓越贡献,让同学建立起民族自信心。

五、案例设计及实施过程

萨支唐(见图 4-7),硅谷发展之初的"教父"级华人科学家。

图 4-7　萨支唐

(资料来源:https://www.sohu.com/a/397057222_285915)

从肖克利半导体实验室到仙童半导体公司,始终有一位中国人在从事并掌控着整体工艺方面的研制工作,他的名字叫作萨支唐,他最大的成就就是发明了至今仍统治着全球半导体 95%以上主流工艺技术的 CMOS 工艺!他是现代半导体工业的先驱之一。

萨支唐先生 1932 年生于中国北京,其父是中国著名物理学家、教育家萨本栋先生(厦门大学第一任校长)。于 1949 年从福州市英华中学毕业后进入美国伊利诺伊大学学习,1953 年获得伊利诺伊大学工程物理和电气工程双学士。随后 1954 年获得斯坦福大学硕士、博士学位。

萨支唐长期致力于半导体器件和微电子学的研究,对晶体管的发展、集成电路以及可靠性研究具有里程碑性质的贡献。他提出了半导体 PN 结中电子-空穴复合理论,开发了半导体局域扩散的平面工艺和 MOS、CMOS 场效应晶体管,并提出了 MOS 晶体管理论模型。

1956—1959 年,萨支唐担任肖克利半导体实验室技术部高级研究员,与肖克利和罗伯特·诺伊斯合著了关于电子空穴复合的重要论文,并于 1957 年出版。

1959—1964 年,担任美国仙童公司晶体管开发计划的主任、经理。

1959 年加入仙童半导体公司后,萨支唐先生最终领导了一个开发集成电路制造工艺的团队。20 世纪 60 年代中期,他组织了一个包括布鲁斯.迪尔、安迪·格罗夫和埃德·斯诺在内的小组,解决了二氧化硅层的稳定性问题,并使大规模生产 MOS 晶体管和电路成为可能。

20 世纪 60 年代末,萨支唐成为伊利诺伊大学物理和电子工程教授,1988 年成为佛罗里达大学的研究生教授。

1986 年,萨支唐获得了美国科学院院士、1998 年获得了中国台湾省中央研究院院士、2000 年获得了中国科学院外籍院士。

萨支唐先生是一位爱国华侨,1980 年后多次回国讲学。

案例九十八:学习采样定理,树立正确科学态度

一、案例信息

所属课程:信号与系统 Ⅰ
章节名称:抽样信号与抽样定理
授课教师:樊晔(副教授)

二、课程介绍

"信号与系统"是电子、电气、通信、计算机、信息处理等电类专业本科生的一门重要的技术基础课程。它是以大学物理、高等数学、工程数学、电路分析为基础,同时又是后续技术基础课程和专业课的基础。本课程的主要内容有:信号与系统的基本概念、连续系统时域分析、连续信号频域分析、连续系统频域分析、连续系统的复频域分析、复频域系统函数与系统模拟、离散信号与系统时域分析、离散信号与系统 Z 域分析、状态变量法等 9 章内容。

三、案例教学目标

通过本节"抽样信号与抽样定理"的学习,实现下述教学目标:
1. 掌握限带信号与抽样信号的定义与表达式;
2. 掌握在均匀冲激抽样与矩形脉冲抽样的时域、频域信号的表达与图形;
3. 掌握时域抽样定理与原信号的恢复;
4. 了解频域抽样定理。

四、案例思政目标

1. 树立学生在进行科学研究时正确的科学观,培养其在研究问题时应该秉承着坚持不懈、刻苦钻研、勇于追求真理的态度。

2. 激励学生拥有团结合作、扎实苦干的精神,同时加强学生的社会责任感,引导学生学以致用,激发学生为国奋斗的理想信念。

五、案例设计及实施过程

本节教学思政的内容是在讲解完第 4.7 节抽样信号与抽样定理结束后的 5～10 分钟的时间进行,为大家讲述哈里·尼奎斯特(见图 4-8)的科学研究之路(结合单独的 PPT),并且布置学生课后撰写自己的科研学习体会作为思政作业。

图 4-8 哈里·尼奎斯特

(资料来源:http://mms2.baidu.com/it/u=3076811850,2444675740&fm=253&app=138&f=PNG&fmt=auto&q=75? w=197&h=226)

尼奎斯特出生于瑞典韦姆兰市的一个村庄,在学校时,尼奎斯特表现优异,但由于家庭贫困,他辍学在建筑工地打工赚钱。他的一位老师深感于这样的智慧不应该被埋没,便鼓励他去机会更多的美国发展。八年后,他移民到了美国,并且在 1912 年,尼奎斯特进入北达科他大学学习,并分别于 1914 年和 1915 年先后获得电气工程学士学位和硕士学位,1917 年,尼奎斯特获得耶鲁大学物理学博士学位。为了完成学业,他不得不通过教课和打暑期工来赚取学费。大家可以看到,他是一个非常努力和自立的学生。

从耶鲁大学毕业以后,尼奎斯特加入美国电话电报公司(AT&T),开始研究改进电报图像和语音传输的工作。1934 年,他的部门并入贝尔实验室,在长达 37 年的职业生涯里,尼奎斯特共获得 138 项专利,并成功发表多篇技术论文。不仅如此,大家发现,在贝尔实验室中发表专利比较多的人都有一个特点,就是都和他吃过饭。其实,这是因为尼奎斯特会在就餐时提出很好的问题引导大家思考,并且他也鼓励他人和自己交谈。

在 1928 年,尼奎斯特发表了人生中最重要的论文 *Certain Topics In Telegraph Transmission Theory*(电报传输理论中的某些主题),指出带宽为 B 的传输系统可以传送高达 2B 的脉冲样本,但是他并没有明确模拟信号的采样和重建问题。第一位用公式证明采样定理并将它应用到实际通信工程问题的人是苏联的科捷利尼科夫,他是苏联无线电物理学家、信息论先驱,他于1933年发表了这一成果。1948年和1949年,尼奎斯特的同事香农发表了两篇开创性的论文:《噪声下的通信》和《通信的数学理论》。这两篇论文成为信息论的奠基性著作。为了解决计算机处理模拟信号的问题,香农提出了采样定理,并发表在《通信的数学理论》中。因此,采样定理也被称为尼奎斯特-香农采样定理。

尼奎斯特连续工作37年,在贝尔实验室退休以后,尼奎斯特并没有离开他热爱的通信事业,成为一名兼职顾问,为国防部和一些电子公司提供专业的通信知识,终身为了通信事业做出贡献。

通过本案例的思政学习,学生最大的收获是在做科学研究时,不能闭门造车,要广泛交流探索,可以获得更多灵感的碰撞(教师可以告知学生学校的合作交流平台项目的查找渠道,鼓励同学们多参与)。同时,要对自己热爱的专业进行不断的探索和钻研,旨在学以致用,为国家通信的发展做出贡献。

案例九十九:现代控制理论课程思政案例 I

一、案例信息

所属课程:现代控制理论
章节名称:绪论
授课教师:马云红(教授)

二、课程介绍

现代控制理论是我院探测制导与控制技术本科生或研究生的一门很重要的专业课程。现代控制理论是建立在状态空间法基础上的一种控制理论,是自动控制理论的一个主要组成部分。现代控制理论比经典控制理论所能处理的控制问题要广泛得多,包括线性系统和非线性系统,定常系统和时变系统,单变量系统和多变量系统。它所采用的方法和算法也更适合于在数字计算机上进行。

三、案例教学目标

1. 了解控制理论的发展;
2. 了解控制系统的作用和控制理论的发展;
3. 现代控制理论区别于自动控制理论的特点;
4. 了解控制学科的科学内涵和技术前沿。

四、案例思政目标

1. 通过控制理论的发展历程,探索科学的发展,理论的诞生,理解科研人员的使命感,以及理论知识储备的重要性,培育创新视野,激发课程学习的兴趣。

2. 爱国情怀、民族精神的培养。

3. 不断学习,追求真理,勇于创新,为科学发展和人类进步做出贡献。

五、案例设计及实施过程

(一)科技发展推动着人类进步

自动控制是为了解放人,通过设计特定的装备,来用机器代替人,这一类技术都是控制技术。图 4-9 所示的中国古代战车就体现了中国在古典控制领域的成就。

图 4-9 中国古代战车

(资料来源:https://graph.baidu.com/api/proxy? mroute=redirect&sec=1668687466736&seckey=37aece693c&u=http%3A%2F%2Fdl.xue63.com%2Fcczyeduxuexi-zzjejpdcczyeduashicizzjgushizzj7151zzj%2F)

(二)爱国情怀、民族精神的培养

钱学森(1911—2009),生于上海,祖籍浙江省杭州市,毕业于国立交通大学,世界著名科学家,空气动力学家,中国载人航天奠基人,中国科学院及中国工程院院士,中国两弹一星功勋奖章获得者,被誉为"中国航天之父""中国导弹之父""中国自动化控制之父"和"火箭之王",如图 4-10 所示。

图 4-10 钱学森

(资料来源:http://mms2.baidu.com/it/u=4171437505,3097667466&fm=253&app=138&f=JPEG&fmt=auto&q=75? w=400&h=555)

1934年,钱学森毕业于国立交通大学机械工程系。1935年,赴美进修。1955年,放弃国外优厚的条件回到中国。由于钱学森回国效力,中国导弹、原子弹的发射向前推进了至少20年。

他是当时美国处于领导地位的第一流火箭专家,美国人把钱学森当成5个师,对此,毛泽东曾评价说:"在我看来,对我们说来钱学森比5个师的力量大多啦。"

钱学森在美国学习时的导师冯·卡门是这样评价钱学森的:"他是一个无可置疑的天才,他的工作大大促进了高速空气动力学和喷气推进科学的发展。我发现他非常富有想象力,他具有天赋的数学才智。"

(三)追求真理做出贡献

人们在进行设计和发明的过程中,同时在探索自然规律。形成一定领域的理论知识,这些知识是一般性理论。钱学森有很多著作:《工程控制论》《物理力学讲义》《星际航行概论》《论系统工程》《关于思维科学》《论地理科学》《科学的艺术与艺术的科学》《论人体科学与现代科技》《创建系统学》《论宏观建筑与微观建筑》《钱学森论火箭导弹和航空航天》等。他把自己的研究写成著作,将知识进行传递延续,培养更多的学者,后续的学者会接续研究。

案例一百:现代控制理论课程思政案例 II

一、案例信息

所属课程:现代控制理论
授课教师:马云红(教授)

二、课程介绍

现代控制理论是我院探测制导与控制技术本科生或研究生的一门很重要的专业课程。现代控制理论是建立在状态空间法基础上的一种控制理论,是自动控制理论的一个主要组成部分。现代控制理论比经典控制理论所能处理的控制问题要广泛得多,包括线性系统和非线性系统,定常系统和时变系统,单变量系统和多变量系统。它所采用的方法和算法也更适合于在数字计算机上进行。

三、案例教学目标

1. 掌握系统的分析;
2. 掌握齐次状态方程的解;
3. 掌握非齐次状态方程的解。

四、案例思政目标

1. 教育学生明白基础学科、数学的重要性;
2. 激发学生探求真理,通过学习基础理论,突破卡脖子技术,增强科学家的责任担当。

五、案例设计及实施过程

求解系统的分析理论解的过程,通过数学家的成果引入数学的重要性。

凯莱和哈密顿是两位数学家,凯莱-哈密顿定理以他们的名字命名,说明了他们对数学领域的贡献,也说明了数学在现代控制理论中的应用。通过学习,使学生明白数学在所有课程学习中的重要地位,同时鼓励大家勇于创新,为科学做出贡献。

通过"凯莱-哈密顿定理、范德蒙特矩阵"等一些数学知识在求解系统的解的过程中的应用,明确数学在科学研究中的重要性。

案例一百零一:现代控制理论课程思政案例Ⅲ

一、案例信息

所属课程:现代控制理论
授课教师:马云红(教授)

二、课程介绍

"现代控制理论"是我院探测制导与控制技术本科生或研究生的一门很重要的专业课程。现代控制理论是建立在状态空间法基础上的一种控制理论,是自动控制理论的一个主要组成部分。现代控制理论比经典控制理论所能处理的控制问题要广泛得多,包括线性系统和非线性系统,定常系统和时变系统,单变量系统和多变量系统。它所采用的方法和算法也更适合于在数字计算机上进行。

三、案例教学目标

1. 分析系统的能控性和能观测性;
2. 进行基于系统性能进行系统综合设计,包括设计状态观测器、状态反馈。

四、案例思政目标

1. 教育学生明白科学就是从基础做起,日积月累。只有掌握扎实的基础知识,才能科学解决工程问题,鼓励学生勇于创新。
2. 以西工大现象激励学生续写西工大新篇章。

五、案例设计及实施过程

对于问题的分析和设计,首先必须先进行系统的分析,然后进行设计。教育学生明白工程问题的解决,首先要了解系统,分析系统,然后才能基于需求进行设计。

中国三航国防科技工业领域,西工大校友领军人才辈出,一大批西工大学子勇立潮头、追求卓越、大放异彩,引起全社会的广泛关注,蔚然形成令人瞩目的"西工大现象"。

中国材料学界泰斗、战略科学家、两院资深院士、"国家最高科学技术奖"获得者师昌绪,便是西工大杰出校友的代表。西工大独具特色的文化和精神教会学生如何做人、做事、做学问。

杨伟(见图4-11),1963年5月生于北京,毕业于西北工业大学,飞行器设计与飞行控制领域专家,中国科学院院士,现任中国航空工业集团有限公司党组成员、副总经理。他长期从事战斗机的设计与研发工作,先后担任歼-20等7型战斗机总设计师,曾获得第十二届航空航天月桂奖"风云人物奖"。

图4-11 杨伟

(资料来源:https://www.sohu.com/a/221219199_159579)

周洲(见图4-12),航空学院教授,博士生导师,长江学者特聘教授。长期致力于无人机总体设计、气动布局、飞行力学等研究。获国家科技进步奖一等奖2项,国防科技进步奖一等奖2项,国防发明奖二等奖1项。

图4-12 周洲

(资料来源:https://www.sohu.com/a/302898826_348943)

作为一名无人机领域的老师,推崇"读万卷书,行万里路""在战斗中成长"的教育教学理念,让学生学到书本里所学不到的知识,为他们提供更多的交流机会,培养勇于探索、敢于创新的精神。2016年暑假,她又带领学生奔赴甘肃、新疆,行车万里,经历了戈壁沙漠的高温酷暑,完成了国内第一个太阳能Wi-Fi无人机的单机和双机飞行试验。

案例一百零二:现代控制理论课程思政案例Ⅳ

一、案例信息

所属课程:现代控制理论
章节名称:稳定性分析理论
授课教师:马云红(教授)

二、课程介绍

"现代控制理论"是我院探测制导与控制技术本科生或研究生的一门很重要的专业课程。现代控制理论是建立在状态空间法基础上的一种控制理论,是自动控制理论的一个主要组成部分。现代控制理论比经典控制理论所能处理的控制问题要广泛得多,包括线性系统和非线性系统,定常系统和时变系统,单变量系统和多变量系统。它所采用的方法和算法也更适合于在数字计算机上进行。

三、案例教学目标

掌握系统稳定性分析理论,即李雅普诺夫稳定理论。

四、案例思政目标

引导学生把崇尚科学、追求真理作为一种信念,一种精神境界,在探索自然、认识社会中树立起远大理想,在平凡的岗位上创造不平凡的业绩。

五、案例设计及实施过程

李雅普诺夫是基于能量的观点进行稳定性分析。创新了方法,建立一套完全新的理论。这个理论适用所有系统的稳定性分析。稳定性理论以他的名字命名。

李雅普诺夫(见图4-13)是俄国数学家、力学家。1857年6月6日生于雅罗斯拉夫尔,1918年11月3日卒于敖德萨。1880年大学毕业后留校工作,1892年获博士学位并成为教授。1893年起任哈尔科夫大学教授,1900年初当选为圣彼得堡科学院通讯院士,1901年又当选为院士,兼任应用数学学部主席。1909年当选为意大利国立琴科学院外籍院士,1916年当选为巴黎科学院外籍院士。

1876年中学毕业时,因成绩优秀获金质奖章,同年考入圣彼得堡大学物理数学系学习,被著名数学家切比雪夫渊博的学识深深吸引,从而转到切比雪夫所在的数学系学习,在切比雪夫、佐洛塔廖夫的影响下,他在大学四年级时就写出具有创见的论文,而获得金质奖章。

1888年,他发表了《关于具有有限个自由度的力学系统的稳定性》.特别是他1892年的博士论文《运动稳定性的一般问题》是经典名著,在其中开创性地提出求解非线性常微分方程的李雅普诺夫函数法,亦称直接法。

他于1898年发表的论文《关于狄利克雷问题的某些研究》也是一篇重要论文.该文首次对单层位势、双层位势的若干基本性质进行了严谨的探讨,指出了给定范围内的本问题有解的若干充要条件。他的研究成果奠定了解边值问题经典方法的基础。

在数学中以他的姓氏命名的有李雅普诺夫第一方法、李雅普诺夫第二方法、李雅普诺夫定理、李雅普诺夫函数、李雅普诺夫变换、李雅普诺夫曲线、李雅普诺夫曲面、李雅普诺夫球面、李雅普诺夫数、李雅普诺夫随机函数、李雅普诺夫随机算子、李雅普诺夫特征指数、李雅普诺夫维数、李雅普诺夫系统、李雅普诺夫分式、李雅普诺夫稳定性等等,而其中以他的姓氏命名的定理、条件有多种。

图 4-13　李雅普诺夫

(资料来源:https://www.zhihu.com/pin/961827768425799680)

案例一百零三:电路的功能与作用

一、案例信息

所属课程:电路基础

章节名称:电路与电路模型

授课教师:邓鑫洋(副教授)

二、课程介绍

该课程以分析电路中的电磁现象,研究电路的基本规律及电路的分析方法为主要内容,培养学生严肃认真的科学作风和理论联系实际的工程观点,使学生掌握电路的基本理论知识、电路的基本分析方法和初步的实验技能,为进一步学习电路理论打下初步的基础,为学习后续课程准备必要的电路知识。

三、案例教学目标

本案例的教学目标主要包括:
1. 了解电路的基本结构组成;
2. 掌握电路的基本功能与作用。

四、案例思政目标

本案例的课程思政目标为:通过介绍我国集成电路发展的引领者黄敞先生的光辉事迹,激发学生的爱国、报国热情。

五、案例设计及实施过程

本案例的实施过程包括:

1. 讲解电路的基本功能与作用:①能量转换:实现电能传送、转换等。②信号处理:实现电信号产生、加工、传输、变换等。
2. 引申拓展:我国集成电路发展的引领者黄敞先生的光辉事迹。

黄敞(见图4-14),1927年5月生于辽宁省沈阳市,1943年考取昆明西南联合大学电机系。1948年,黄敞自费赴美实习、学习,1953年获哈佛大学研究院工程科学及应用物理博士学位。博士毕业后,受聘于雪尔凡尼亚(Sylva-nia)半导体厂,其在美期间,半导体技术刚刚问世,黄敞把研究重心放在了晶体管理论及制作工艺上,发表了多篇论文与专利。

图4-14 黄敞

(资料来源:https://www.sohu.com/a/235324029_688725)

1958年,黄敞先生收到新中国的召唤,申请"环球旅行",经过十几个国家的周转,借道香港返回大陆,投入到当时还是一穷二白的祖国产业建设中去。1965年,中央决定建立军用微电子研究所,专门研制集成电路和微型计算机,为"两弹一星"提供基础支持,黄敞先生是项目的技术负责人之一。在他的带领与主持下,成功地自行设计和研制出了我国第一个航天集成电路系列,即 TTL 双极小规模集成电路系列,这些集成电路应用于我国研制的战略导弹和运载火箭的制导计算机上,为我国远程导弹研制成功提供了重要保证。

按照当时建立三线的指示,工程处选址在陕西临潼距县城一公里半的骊山脚下,黄敞带领团队在物质生活条件十分艰苦的情况下开展科研生产工作,生产出了 CMOS 集成电路以及水下发射固体弹道导弹的弹上计算机,为这一导弹的飞行试验提供了一个必要的保证。与此同时,为满足航天型号对集成电路及微计算机高可靠、批量生产的要求,在国家相关机构的关心与支持下,由黄敞领导进行了集成电路制造技术、设备及生产线的引进工作,工艺线达到了国际上 1975 年 5 μm 的水平,为我国的集成电路事业奠定了重要基础。

案例一百零四:"中国天眼之父"南仁东:二十年只做一件事

一、案例信息

所属课程:电子与信息技术导论(英)
章节名称:电子信息技术在三航领域的应用
授课教师:宗亚雳(副教授)

二、课程介绍

本案例适用于本科生课程"电子与信息技术导论(英)",适用于电子信息学院所有专业,本课程属于电子信息类专业的学科前沿课程。作为一门导论类课程,本课程的目标是介绍学科前沿,使学生了解专业研究的领域、内涵和相关先进技术,特别是了解电子和信息系统的理论基础和应用前沿,从而培养学生对专业的兴趣,使学生初步建立在电子信息领域从事相关研究的广阔视野,并具备相关基本概念和基础知识。

三、案例教学目标

结合对"中国天眼之父"南仁东二十年只做一件事的事迹进行讲述,使学生了解电子信息在射电天文领域的应用及相关先进技术,了解电子和信息系统的理论基础和应用前沿,培养学生对本专业的兴趣。

四、案例思政目标

1. 坚定学生对我国各项方针政策、科学发展观的认同,增强学生的民族自信心和自豪感;

2. 增强学生"四个意识",增强时代赋予学生的使命担当,弘扬工匠精神,激发其建功立业的报国热情。

五、案例设计及实施过程

该案例分 3 个阶段,首先对"中国天眼"FAST 射电望远镜进行介绍,展示其性能之高和工程之巨;其次引用事实,表明"中国天眼"的国际领先地位;最后,介绍"中国天眼之父"南仁东带头研制 FAST 的漫长而艰辛的过程。

第一阶段:对"中国天眼"进行概述。

教师讲述"中国天眼"坐落于我国贵州省,是全世界最大、灵敏度最高的单口径射电望远镜,可接收 130 多亿光年以外的电磁信号;通过用同学们熟悉的实物进行测算展示"中国天眼"之巨;其面积约是 30 个足球场那么大,据测算,如果用这么大一口锅盛水,够全球 50 多亿人每人分 4 瓶;通过性能之高、口径之大,突出工程难度之大;对于这么大口径的天线,其波束指向误差小至 8 角秒,精度可达 3 mm,其工程难度可想而知。随后,进一步讲述 FAST 的工作原理和其中的关键技术。

第二阶段:通过引用事实表明"中国天眼"国际领先地位。

"中国天眼"2021 年 3 月 31 日已向全球开放,一时间收到大量观测申请,俨然成了一个香饽饽。我想除了其性能优越以外,还有一个比较重要的原因,就是原世界第一大射电望远镜——美国 300 m 口径的阿雷西博望远镜,于 2020 年 12 月轰然倒塌,彻底退出了历史舞台,其馈源仓的质量约 1 000 t,是"中国天眼"的 30 余倍。

第三阶段:将 FAST 的研制周期与南仁东的人生经历相结合进行讲述。

"中国天眼"从研发到建成的整个生命周期 20 余年,如图 4-15 所示,其首席科学家兼总工程师南仁东被誉为"中国天眼之父"。1993 年,在日本召开了国际无线电科学联盟大会,与会科学家提出建造新一代射电望远镜,以此在大环境改变之前能接收更多来自外太空的信息。1994 年,在中国没有经济和技术支撑的情况下,他辞去高于国内 300 倍的高薪工作,带着报国之志,毅然回国,要为中国也建造一个。

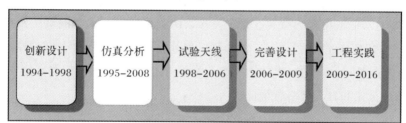

图 4-15 "中国天眼"从研发到建成的整个生命周期

1994 年,南仁东带领团队(见图 4-16),从 8 000 多幅卫星地图中选出几十个洼地,与其团队几乎走遍这些洼地,现场踏勘,风餐露宿,最终将台址定在贵州平塘县克度镇的大窝凼洼地。然而,选定台址后,如何设计及实现设计方案、建成之后如何调试及使用,都没有可以借鉴的经验,南仁东便潜心研究,二十年只做一件事,使得"中国天眼"领先世界至少 20 年,是一位了不起的大国工匠,非常令人钦佩。

通过本案例的思政学习,学生的民族自豪感和自信心得到了极大的提升。学生被南仁东"二十年只做一件事"的工匠精神感动,建功立业的报国热情被激发。

图 4-16 南仁东带领团队现场踏勘

(资料来源:https://www.bilibili.com/read/cv32287)

案例一百零五:微波测量课程思政案例

一、案例信息

所属课程:微波测量

章节名称:信号源

授课教师:邢自健(副教授)

二、课程介绍

微波测量是对微波信号和微波电路有关参数的测量技术。主要测量对象有功率、频率或波长、波形与频谱、噪声电平、驻波、衰减和相移等。采用微波测量、自动控制和计算机等技术构成的快速、精确、多参数、多功能的综合测量系统,主要使用的仪器有信号源、功率计、频率计、频谱分析仪和自动网络分析仪。

三、案例教学目标

微波测量是电子信息工程专业微波方向的一门专业技术必修课。本课程的任务是使学生获得微波测量技术方面的基本理论、概念、方法与技能。本课程研究电磁场与微波技术学科中常用参数的测量方法。网络特性参数主要是:单口网络的驻波比,输入阻抗和反射系数;双口网络的插入驻波比、阻抗(或导纳)和散射等网络参数及其相互转换,以及网络特性的分项测量——衰减和相位移。信号特性参数主要是微波功率、频率与波长。学会测量这些参数的测量系统的组成、测量方法的原理和适用场合、误差来源,及某些测量方法的误差分析举例;了解实验操作和实验数据处理的基本方法。了解微波测量的发展动向和自动化发展概况。

四、案例思政目标

习近平总书记在全国高校思想政治工作会议上强调,要用好课堂教学这个主渠道,各类专业课程都要与思想政治理论课同向同行,形成协同效应。微波测量课的课程思政就应该突出微波领域应用阶段教学的育人导向,使微波测量课上出专业相关的"思政味"。为此,我们在教学过程中尝试将社会主义核心价值观与微波测量课程核心素养共性的东西一起来讲,如测量误差评估——诚信、测量方法选取——敬业、与人合作共事——友善、关键部件瓶颈问题——爱国,效果上实现"一课双赢"。

五、案例设计及实施过程

本课程主要以信号源对战争的影响,说明信号源性能的重要性。

自19世纪后期出现无线电报技术以来,无线通信技术逐渐成为信息领域最为重要的发展方向。信号源不但是微波测量中最为基础的测量仪器,而且还是很多军用无线通信系统中的一部分,其性能能够很大程度上决定无线通信系统的性能,进而对战争的结果产生重大影响。

二次世界大战中的太平洋战争,美日两军在太平洋上展开了旷日持久的厮杀。战争初期日军频频得手,半年之内横扫南洋诸岛,但仅仅半年之后中途岛战役以后,日本就进入了衰退期。除了国力差距等众所周知的原因以外,日军的信息战水平同样落后于美军。战争后期的海空大战中,日本败多胜少的重要原因就是,美军的航母上都装有雷达系统,尽管精度较低,但仍可以侦测日军机群;但日军航母上却没有雷达,战斗中实际上双方信息并不对等,因此导致了失败。

信息战在现代战争中的地位一点都不比二战时期低,例如我们学习的信号源仪器中的变频器、振荡器以及频率合成等模块的性能,决定了信号产生的精度以及最高频率,尤其是最高频率,成为信号源性能的最重要指标。如果对信号源加以改造,就可以成为一种高精度接收机。美国对于 67 GHz 以上的信号源对我国采取了禁运或部分禁运的措施,表面上看起来似乎只是影响我们做实验,但实际上深层次的原因是防止我们以这些仪器为基础,制造出可以侦测美军高频的雷达或通信信号的接收机设备。

通过这样一个案例,突出信号源和测量技术对军事侦察的意义;现代战争中由于无线电技术和微波技术发展左右战争结果的历史史实等。塑造学生爱国主义情操,树立学生投身国防建设和国民经济建设的热情。使学生对信号源的作用和意义有了更加深入的理解和认识。激发学生对信号源学习的热情和爱国热情。

案例一百零六:从"米格-25效应"看系统设计与分析的理念

一、案例信息

所属课程:航空信息系统分析
章节名称:绪论
授课教师:张耀中(副教授)

二、课程介绍

"航空信息系统分析"是将数学方法与现代工程方法相结合而形成的一种科学分析方法,它可以为决策者提供各种定量分析数据,能对系统的优劣进行比较、权衡利弊,从而科学地决策。作为"探测制导与控制技术"本科专业的专业核心课程,主要以培养学生的系统理念,从系统的观点来分析航空武器系统的总体架构、武器系统总体的精度与评估、武器系统的射击效率与效能评估以及系统的可靠性分析。重点培养学生对航空武器系统的综合分析问题和解决问题的能力。在本课程的建设中挖掘思政元素,可以有效激励学生为航空事业献身的奋斗精神,积极践行"立德树人"的教学育人理念。

三、案例教学目标

1. 知识目标:
(1)了解航空武器系统的研究对象、系统体系和学习方法;
(2)掌握系统分析与系统设计的原则;
(3)理解系统分析与系统设计的独特性。

2. 能力目标:
(1)通过对航空武器系统的体系架构、系统构成、系统发展历程等内容的讲解,培养学生运用系统科学的理念来分析实际工程问题的能力。
(2)通过对课程思政案例的分析,培养学生的系统理念以及运用系统科学的技术手段来进行系统设计及系统分析的能力。

四、案例思政目标

1. "米格-25效应":通过对苏联飞机武器系统设计理念的介绍,帮助学生树立起系统设计的科学认识。苏联研制的米格-25飞机,许多零部件与当时的美国或欧洲国家相比都比较落后,但因设计者成功运用系统工程的科学理念,综合考虑飞机的整体性能,结果在飞机机动性能及武器系统方面反而成为当时世界最一流的飞机,为此,被人们称为"米格-25"效应。通过苏联飞机武器系统设计的成功案例,不仅可以培养学生的系统设计与分析理念,更能激发学生投身航空事业的热情,从而帮助学生形成正确的科研价值观念。

2. 正确的科研价值观:通过"米格-25"效应培养学生正确的科研价值观,提升学生的科研团队意识,一群普通的人,不一定都要出类拔萃,不一定都有独特的优点,每个人都有很多短板,但是只要能像米格-25飞机那样,整体组合成为一个优秀的科研团队,就一定会有卓越的成就。从而激发学生从事科研的热情,增强学生航空报国的理想情怀。

五、案例设计及实施过程

本案例实施过程分为以下两个阶段:

1. 由"米格-25效应"看苏联飞机武器系统的设计理念:本章节的思政教学,主要是在讲解机载武器系统的发展历程,最后讲述一下苏联飞机武器系统设计的系统工程理念,由此引出学生们的思考,我们国家的航空武器系统设计在西方国家不断封堵的大环境下该如何引入系统工程理念,在现有技术水平的基础上使得设计的飞机武器系统总体性能发挥到极致。

苏联的米格-25战斗机(见图4-17),北约代号"狐蝠",可以说是米高扬设计局的巅峰之作,最高时速可达3.2马赫,而几乎同时研制的美国F-5战机最高时速才1.6马赫。米格-25曾打破和创造过8项飞行速度、9项飞行高度和6项爬高时间的世界纪录,以其优越的性能而闻名于世。

1971年秋第四次中东战争前夕,有4架苏联的米格-25进驻埃及用于侦察以色列。一天,当以色列最先进的F-4战斗机在空中发现了一架米格-25之后,便立即发射了一枚AIM-9响尾蛇导弹。但是令这位以色列飞行员终生难忘的是,这架米格-25战机打开了加力燃烧室,喷出一串火舌之后就消失不见了。由此,这架性能非凡的黑科技战机引起了西方世界的极大恐慌,米格-25当时基本可以毫无顾忌地进入欧洲国家空域进行侦察。米格-25依靠其优越的性能以及在中东的优良表现,使埃及、伊拉克、叙利亚等国争相购买。

图4-17 米格-25战斗机

(资料来源:https://h.bilibili.com/80670385)

1976年苏联飞行员别连科驾机叛逃美国后,美国专家对米格-25解剖后惊奇地发现,米格-25所使用的许多零部件与美国战机相比要落后很多,但是整体作战性能却达到甚至超越了美国等其他国家同期的战斗机。苏联人用这么落后的技术组装成功了世界上一流的战机,主要原因就是米格公司运用了系统工程手段,从系统整体考虑,对各零部件进行了组合优化设计,从而达到了"1+1>2"的效果,被称为"米格-25效应"。

通过该案例的思政学习,可以让学生更直观地体会到系统设计与分析的重要作用,所谓最佳整体,追求的是子系统的最佳组合而不是每个子系统都最佳。在我们设计系统的时候,不一定要追求每个部件都选用最好的,如何能把整体组合变得最优是我们进行系统设计的目的。从而帮助学生形成正确的从事科研工作的理念。

2. 正确的科研价值观:通过"米格-25"效应可以引导学生进一步思考,如何形成个人的正确科研价值观,引导学生的科研团队意识,每个人都有很多短板,不要因为自己很普通就失去自信,更不要因为自己有些缺陷就对自己全盘否定。一群普通的人,不一定都要出类拔萃,不一定都要有独特的优点,但是只要能像米格-25飞机那样,系统科学的组合成为一个优秀的科研团队,就一定会有卓越的成就。由此激发学生从事科研的热情,增强学生航空报国的理想情怀。

案例一百零七:"芯片"卡脖子的挑战

一、案例信息

所属课程:数字电子技术基础Ⅰ
章节名称:存储器和可编程逻辑
授课教师:耿杰(副教授)

二、课程介绍

课程信息:"数字电子技术基础Ⅰ"课程是高等学校电子信息类专业的重要基础课,具有工程性和实践性强的特点。

适用专业:电子信息类专业。

主要内容:包括晶体管的开关特性和应用、数制与码制、逻辑代数、逻辑门、组合逻辑、集成触发器、时序逻辑、脉冲波形产生与变换、半导体存储器、可编程逻辑、数/模和模/数转换等。通过该课程的学习,使学生熟练掌握数字电子技术的基本理论、分析和设计方法,重点掌握常用中、大规模集成电路的特点和功能,在牢固掌握常用集成电路分析方法的基础上、培养学生灵活应用和综合设计能力,进一步掌握可编程逻辑器件等大规模器件的原理、功能和应用,为电子系统的工程实现和后续课程学习打下必备的基础。

三、案例教学目标

素质目标:了解可编程逻辑电路发展现状,掌握可编程逻辑电路的逻辑功能和基本应用。

知识目标：了解存储器电路的组成、工作原理、数据的读写过程；存储器电路的扩展使用。掌握存储器电路的逻辑功能和应用，掌握可编程逻辑基本概念、电路组成、基本工作原理。

能力目标：能够熟练应用可编程逻辑电路进行组合逻辑电路和时序逻辑电路的设计。

四、案例思政目标

思政育人主题：大规模集成电路发展现状，我国"芯片"卡脖子的挑战。

思政育人效果：激发学生的创新精神、报国情怀，培养学生的使命责任担当，奋发图强，励志为解决国家卡脖子技术贡献自身力量。

五、案例设计及实施过程

半导体产品的一贯目标是以更小的尺寸、更低的成本和更小的功耗，获得更高的质量与性能。从设计角度来看，半导体的趋势是以各种宏模块的集成来代替分离的芯片。为了更好地满足设计人员的需要，各大现场可编程逻辑器件的厂商都在不断地扩充其知识产权(IP)核心库。这些核心库都是预定义的、经过测试和验证的、优化的、可保证正确的功能。设计人员可以利用这些现成的 IP 库资源，高效准确地完成复杂片上的系统设计。随着 IC 技术的成熟与厂商间的激烈竞争，更小的尺寸、更低的成本和更小的功耗的芯片，才能获得更高的质量与性能，才能在强大的市场竞争中受到整机厂商的欢迎。

1947 年美国贝尔实验室的肖克利、布拉顿、巴丁创造出了世界上第一只晶体管。此后德州仪器的工程师杰克·基尔比把所有的元器件都放在同一种材料上制造，诞生了集成电路。由于承载集成电路的母体是硅片，硅片介于导体和绝缘体之间，所以也称为半导体。

当前，随着美国对中兴通讯、华为以及众多中国高科技公司的打压，有些技术和产品未获得美国许可，无法给中国企业提供，而中国短期内还没有办法找到非美替代品，这就出现了所谓的"卡脖子"技术。我国"芯片"技术已经成为卡脖子挑战性问题。芯片产业链大致可以分成设计、制造和封装测试等三部分，但还有多个非常重要的旁支，比如制造环节的制造设备、材料，芯片设计端的设计公司 EDA。芯片产业链的每一家龙头公司都是不可替代的，才最终能够让全球芯片产业链运转起来，缺了谁，对整个行业短期内都是巨大的影响。正是由于芯片产业链庞大，我国在高端芯片，比如手机 SoC 芯片，存在明显差距，同时我国的芯片产业也有巨大的发展空间。

案例一百零八：进化优化思想起源

一、案例信息

所属课程：算法设计技术与优化方法
章节名称：智能优化方法
授课教师：侍佼（副教授）

二、课程介绍

"算法设计技术与优化方法"是信息技术领域中处于核心地位的一门专业基础课。无论是计算科学还是计算实践,算法都在其中扮演着重要角色。本课程从讲解算法设计和算法分析的基本概念和方法开始,系统地介绍一些常用的、经典的算法设计技术,以及复杂性分析的方法。教学目标是通过讲授设计和分析各种算法的基本原理、方法和技术,培养学生对算法复杂性进行正确分析的能力,锻炼其逻辑思维能力和想象力,为独立地设计求解问题的最优算法奠定坚实的基础。

三、案例教学目标

通过对第 7 章"智能优化方法"的学习,实现下述教学目标:了解智能优化方法的相关背景与应用前景;理解进化优化的基本概念与原理;掌握经典遗传算法;遗传算法的应用实例。

四、案例思政目标

智能技术的迅猛发展受到党和国家的高度重视,并为此运筹帷幄、科学擘画,引导人工智能相关的理论研究、实际应用和人才培养,不断提升经济社会发展的智能化水平。为有效对接新一代人工智能,推动我国人工智能研发应用,2017 年 7 月,国务院出台《新一代人工智能发展规划》,明确了我国人工智能技术发展的战略目标、重点任务、资源配套方案和发展保障措施,成为我国打造人工智能创新高地、建设便捷高效智能社会的纲领性文件。

案例的学习,坚定学生对国家科学发展战略的拥护,增强国际视野,培养国家忧患和国家安全意识。

激发学生的爱国主义情怀,通过实践创新,把培养重心前移,即有计划、分层次、全过程对学生进行能力培养与价值塑造,及早入手,指导学生做好职业生涯规划。

党的十九大报告指出:"加快建设制造强国,加快发展先进制造业,推动互联网、大数据、人工智能和实体经济深度融合。"此外,人工智能连续三年被写入政府工作报告:"加快人工智能等技术研发和转化"(2017 年),"加强新一代人工智能研发应用"(2018 年),"深化大数据、人工智能等研发应用"(2019 年),这充分体现了我国政府对发展人工智能技术的重视程度。"高校作为知识密集和科技发展的前沿阵地肩负着为国家未来发展培养青年接班人的重任。"党和国家的重视和倡导不仅为人工智能技术研发应用注入强劲动力,而且为"智能思政"建设提供了战略契机和根本保证。

五、案例设计及实施过程

案例设计:在章节讲述的开始阶段,课程的开始 10 分钟,以 PPT 结合讲述的形式进行思政教学。

进化算法尽管它有很多的变化,有不同的遗传基因表达方式,不同的交叉和变异算子,特殊算子的引用,以及不同的再生和选择方法,但它们产生的灵感都来自于大自然的生物进化。与传统的基于微积分的方法和穷举法等优化算法相比,进化计算是一种成熟的具有高鲁棒性和广泛适用性的全局优化方法,具有自组织、自适应、自学习的特性,能够不受问题性质的限制,有效地处理传统优化算法难以解决的复杂问题。

作为智能全局优化算法的代表,进化优化算法具有灵活性高、鲁棒性强和对问题模型限制少等特点,在求解复杂的组合优化问题上效果突出,从产生至今已经被广泛应用于各个领域,如函数优化问题、机器人控制任务、模式识别和图像处理等。

群体智能的思想起源于物理、生物、社会等多个方面。群体智能代表性的方法包括粒子群、蚁群、模拟退火、免疫、烟火和雨滴等。

第五章 反面教训

案例一百零九：幸福是奋斗出来的

一、案例信息

所属课程：信号与系统
章节名称：线性时不变系统性质
授课教师：李辉（教授）

二、课程介绍

信号与系统是电类专业本科生的核心技术基础课程，是通信原理和数字信号处理课程的基础，在教学中具有承前启后、继往开来的作用，是学生合理知识结构的重要组成部分，在发展智力、培养能力和良好的非智力素质方面，具有极为重要作用。本课程坚持传授知识、发展智力与培养能力相统一的教学原则，注重学生的思维能力、分析问题、解决问题的能力培养，注重将国家需要与课程学习相结合，课程思政激励学生学习，践行"立德树人"教育理念。

三、案例教学目标

1.树立理解系统的定义及分类；
2.明白掌握线性时不变系统的定义及主要性质。

四、案例思政目标

1.树立科学的思想观与价值观；
2.明白因果关系。

五、案例设计及实施过程

（一）线性性

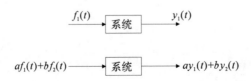

可以通过系统的线性性,引入抗疫英雄、抗洪英雄故事(见图5-1),正是广大英雄的无私奉献,才有我们今天的平安生活。

图5-1 抗疫英雄、抗洪英雄

(资料来源:https://www.ccaonline.cn/jichang/jchot/617641.html,
http://photo.81.cn/pla/2020-07/18/content_9856151.htm)

(二)因果性

$$t<0, f(t)=0 \longrightarrow \boxed{系统} \longrightarrow t<0, y(t)=0$$

有因才有果。

若在输入端加入的激励 $f(t)$ 为"奋斗",将会获得"幸福"的响应输出 $y(t)$,正如习主席所说的"奋斗的一生就是幸福的一生",鼓励学生时刻保持奋斗的姿态,不断地积累幸福。

案例一百一十:小错误引起的大问题

一、案例信息

所属课程:模拟电子技术基础Ⅰ
章节名称:比例运算电路
授课教师:王佳(副教授)

二、课程介绍

"模拟电子技术基础Ⅰ"是电子信息类专业本科生的学科基础课,工程性和实践性强;在四年制本科学习中起着"承上启下"的作用。通过该课程的学习,使学生熟练掌握常用半导体器件的性能、参数和使用方法,建立模拟放大电路的一般概念,牢固掌握常用放大电路的组成、工作原理、性能特点、分析方法和工程计算方法,为电子系统的工程实现和后续课程学习打下基础。

三、案例教学目标

通过该案例学习,实现下述教学目标:

1.掌握同相比例放大电路的电路结构;
2.掌握同相比例放大电路与反相比例放大器的区别;
3.深刻理解负反馈的作用和重要性。

四、案例思政目标

1.培养学生科学严谨、精益求精的学习工作态度,领悟工匠精神。
2.树立学生认真对待工程实践项目的责任担当,加强学生的社会主义职业道德与规范修养。

五、案例设计及实施过程

讲授完反相比例放大电路和同相比例放大电路的工作原理和输出电压和输入电压关系表达式后。引导学生注意这两种电路在连接方式上的区别,认真分析负反馈的作用。

单独一页PPT给出一个实际的工程实例,如图5-2所示。让学生从该实例中找到这两种放大电路。接着讲述在使用该电路进行PCB测试时,发现电路无法正常工作。引出一个问题:电路哪里存在连接错误?

错误仅仅是集成运放的正相和反相输入端相互交换了一下位置,却造成电路不能工作。再次给学生强调,同相比例放大器和反相比例放大器虽然输入端的位置不同,但是都是负反馈。反馈电阻都连接在反相端。必须仔细认真对待电路里的每个符号和连接关系,一点错误都不能有。

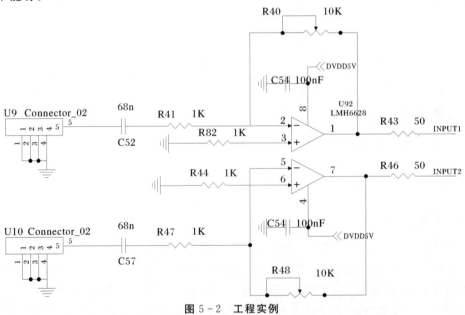

图 5-2 工程实例

向学生展示真实的PCB实物,如图5-3所示。因为该错误导致PCB设计错误,使得项目测试进度延缓,不得不进行飞线对设计补救。通过该反例,使得学生明白不能简单地靠"顾名思义"的方法去设计电路。要谨慎对待每一条连接线,不能犯一个错误。让学生对电路设计的严谨性和工程性有更深刻的认识。也让学生体会到如果在实践过程中出现错误,应该如何进行补救。

图 5-3 PCB

案例一百一十一:以交直争斗反例为鉴,树立正确三观

一、案例信息

所属课程:电路基础
章节名称:正弦稳态电路
授课教师:李鑫(副教授)

二、课程介绍

"电路基础"以分析电路中的电磁现象,研究电路的基本规律及分析方法为主要内容,是一门既有系统理论又有较强实践性的学科基础课。该课程主要以启发学生电学思维、训练学生电路分析技能为主。在"电路基础"课程建设过程中,课程组充分挖掘、发挥课程自身所蕴含的思政教育元素,并将其有机融入课程教学中,使知识点具有正能量的特性,让学生在学习过程中与名人共情,于生活思考,予社会创造,达到课程思政的教学成效。

三、案例教学目标

本案例的教学目标如下:
1. 知识目标:
(1)掌握正弦稳态电路的概念;
(2)掌握正弦量及其描述。
2. 能力目标:通过对直流系统和交流系统工作原理和优缺点的介绍,培养学生多角度、全方面分析问题的能力。

四、案例思政目标

本案例的思政目标如下:

通过对直流系统和交流系统之间斗争的介绍,培养学生树立社会主义核心价值观,加强学生的社会主义职业道德与规范修养,守好科技伦理底线,端正三观,诚实守信。

五、案例设计及实施过程

在讲解正弦稳态电路的概念时,利用5～10分钟的时间以PPT的形式向学生展示该案例,让学生了解直流系统和交流系统之间斗争事件的始末和经过,重点以爱迪生电击大象有失科技伦理的负面例子为例,向学生说明我们不能做怎样的科研,不能做怎样的事,具体略述如下。

为了推广直流电,爱迪生不断打击交流电,经常使用交流电电死各种小猫、小狗以及马等动物,以证明交流电的危险。其中影响最大的是1903年,爱迪生在纽约著名娱乐区科尼岛的广场上绑了一头大象,然后将交流电接到大象身上(见图5-4)。电路接通后,6 000 V的交流电通过大象身体,大象瞬时倒地,痛苦不已地死去,这次实验吸引了数千群众观看。不仅如此,爱迪生还发明了电椅,用于处决犯人,以证明交流电的危险,可以电死人!爱迪生的贡献是不可否认的,但为了证明交流电会置人于死地,却将自己推入了道德死地,个人声望直接跌落谷底。

通过上述案例的思政学习,帮助学生树立正确的世界观、人生观和价值观,加强了学生的社会主义职业道德与修养。

图5-4 爱迪生电击大象

(资料来源:http://www.bjnews.com.cn/ent/2019/07/05/599610.html)

案例一百一十二:柯达输给了自己研制的数码相机

一、案例信息

所属课程:光电技术
章节名称:光电成像系统
授课教师:高永胜(副教授)

二、课程介绍

光电技术是我校电子科学与技术、电子信息工程、探测制导与控制技术等课程的专业方向课。属于光学、电子学和信息学科综合的理论和实践课程。本课程介绍光电子技术的基本理论和应用基础、光的传播、调制和扫描、光电探测系统、光电成像系统、光电通信系统、显示系统等,使学生了解光电技术领域的基本理论、应用实例、最新成果和新进展,对光电子技术有个比较全面、系统的认识和理解。

三、案例教学目标

1. 让学生了解光电成像系统组成:光学系统、光电成像元件、图像采集、图像信号处理与存储系统。

2. 让学生意识到光电成像传感器是本系统的核心,其他部分都是围绕光学成像敏感元件来设计的。

3. 让学生了解数码相机的发明历史。

四、案例思政目标

要终身学习、勇于创新,不能满足于现状,不能沉湎于现有成就,故步自封就会被淘汰。

五、案例设计及实施过程

首先提到同学们熟悉的"数码相机",问同学们数码相机的构成。同学们应该能够回答:镜头、感光器、图像处理、SD卡等。指出数码相机就是一个典型的光电成像系统。然后让同学们总结"傻瓜相机"或"拍立得"与数码相机的区别。结合图5-5中光电成像系统的原理,让学生知道光电成像传感器是二者的重要区别,也是光电成像系统的核心。

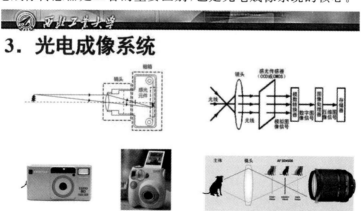

图 5-5 光电成像系统

接着问学生,柯达是曾占据全球 2/3 胶卷市场的巨无霸,为什么后来市场份额越来越少,乃至到 2019 年申请破产。学生应该会说,是传统胶片相机败给了数码相机。

然后结合图 5-6 点出重要信息:第一台数码相机是柯达公司的史蒂夫·萨森发明的。1975 年 12 月,柯达公司电子工程师史蒂夫·萨森成为世界上第一个拿着数码相机拍下第一张照片的人。相机通过拥有 1 万像素(100×100)的 CCD 拍摄影像,记录一张黑白影像需要 23 秒之久。照片记录到盒式磁带机上,磁带可插入到电视上才能浏览。

然而,虽然柯达率先发明数码相机,但柯达重心在于传统胶卷业务,导致数码相机技术发展缓慢,后来被索尼等数码相机厂商超越,最终于 2019 年破产。

得出反面教训:同学们要注意终身学习、勇于创新,不满足于现状,不沉湎于现有成就,故步自封就会被淘汰。

图 5-6 柯达的反面教训